回归本真，赋能发展

——苏州市幼儿园课程游戏化前瞻性实验项目之区域活动研究

主编　焦　霄　宗翔雁　任　莉

副主编（按姓氏笔画排序）

孙　骎　杨晓晶　吴利娟　吴晓华
陆伟红　周林芳　谢　蔚

参编（按姓氏笔画排序）

卜　凡　马佩丽　丰澄曦　王　静　王玉芬　朱　静
刘逸菲　刘雯君　孙　莺　吴林惠　吴晓兰　沈　燕
张　兰　张月芬　陆春晖　邵　芳　金红艳　周　怡
周似馨　赵冰红　俞　琴　钱　程　倪莹莹　徐晨洁
唐思怡　黄秋怡　符亦晓　樊　雯　薛苏昕　戴季蓉

苏州大学出版社
Soochow University Press

图书在版编目（CIP）数据

回归本真，赋能发展：苏州市幼儿园课程游戏化前瞻性实验项目之区域活动研究 / 焦霄，宗翔雁，任莉主编 . —苏州：苏州大学出版社，2023.12

ISBN 978-7-5672-4578-5

Ⅰ . ①回… Ⅱ . ①焦… ②宗… ③任… Ⅲ . ①幼儿园—课程建设—研究 Ⅳ . ① G612

中国国家版本馆 CIP 数据核字（2023）第 225718 号

Huigui Benzhen, Funeng Fazhan
—Suzhou Shi You'eryuan Kecheng Youxi Hua Qianzhan Xing Shiyan Xiangmu Zhi Quyu Huodong Yanjiu

书　　名：回归本真，赋能发展
——苏州市幼儿园课程游戏化前瞻性实验项目之区域活动研究

主　　编：焦　霄　宗翔雁　任　莉
责任编辑：沈　琴
装帧设计：刘　俊

出版发行：苏州大学出版社（Soochow University Press）
社　　址：苏州市十梓街 1 号　**邮编：**215006
网　　址：www.sudapress.com
E-mail：sdcbs@suda.edu.cn
印　　装：苏州工业园区美柯乐制版印务有限责任公司
邮购热线：0512-67480030　**销售热线：**0512-67481020
网店地址：https: //szdxcbs.tmall.com/（天猫旗舰店）

开　　本：787 mm × 1 092 mm　1/16　**印张：**15.75　**字数：**317 千
版　　次：2023 年 12 月第 1 版
印　　次：2023 年 12 月第 1 次印刷
书　　号：ISBN 978-7-5672-4578-5
定　　价：62.00 元

本书编委会

前 言

区域活动在幼儿园课程中的价值日益突出。刘焱教授认为："活动区意味着选择的可能性，意味着幼儿可以根据自己的兴趣和需要来决定自己做什么和怎么做，而兴趣、自由选择与自主决定是幼儿主动学习的基本条件。"作为一种舶来品，区域活动在我国经历了引进、消化、吸收和创新的发展历程。纵观国内幼儿园区域活动的实践，我们发现存在以下问题：一是区域环境创设不能满足儿童的自动和自主生长的需求；二是区域内容开发单一，缺乏对追随儿童兴趣的内容创生实践；三是区域策略支持偏向教师层面，缺乏对儿童的观察和理解层面上的支持策略思考。基于以上问题，本书依托苏州市幼儿园课程游戏化前瞻性实验项目区域研究共同体，对区域活动的组织与实施展开了三年的实践与研究，梳理了大量的区域活动案例，逐步架构了区域活动的新理念认知，即"立足本真，赋能发展"，并形成了以下六方面的新思考。

一、对区域活动价值的新认识

本书认为，区域活动指教育者以幼儿感兴趣的活动材料和活动类型为依据，将活动室的空间划分为不同区域，鼓励幼儿自主选择活动区域，在其中通过与材料、环境、同伴的充分互动而获得学习与发展。我们以 10 所不同区县的幼儿园的所有区域为研究对象，包括室内、室外的常规区域以及专室等其他特色区域。

立足本真，以儿童为本，以真研究为本；着力儿童完整经验的收获，着力赋能儿童的未来发展。研究过程中，强调同一年龄段不同区域以及同一区域不同年龄段之间的横向与纵向的对比研究，最大程度地扩大研究对象与研究范围，保证本次研究的全面性、广泛性与系统性。研究中，课程故事成为重要的实施载体，项目组鼓励教师积极观察、记录、反思、总结，形成具有各园各班特色的课程案例，着眼于师幼的共同成长。应该说，基于"立足儿童本真，立足游戏本真；赋能儿童发展，赋能教师发展"的区域活动成了践行课程游戏化理念的有效路径和载体。

二、对区域活动目标的新定位

以儿童为根本，以发展为总纲，我们在大量的区域活动案例中进一步梳理了区域活动的总目标，着力关注儿童发展的“四性”，支持儿童的自动和自我成长，实现师幼的教学相长。具体如下：

（1）尊重儿童主体性。

尊重幼儿主体地位，保全幼儿的童真和童趣，润泽童心。

（2）关注儿童生态性。

幼儿发展是自然、生态的，教师、家长应全面关注幼儿生态性成长。

（3）基于儿童成长性。

幼儿发展是一个持续动态的过程，应促进幼儿全面发展。

（4）实现师生共生性。

教师与幼儿在共同理解和实践中获得生命的共同成长。

三、对区域活动环境的新规划

1. 师幼共构区域环境规划图

（1）基于儿童的年龄特点。

以建构区为例，孩子在建构能力上会经历前搭建、“排”和“塔”、连接、围绕、图案、命名建筑物与早期象征、重建等多个阶段。《积木书》提倡，一般 3 岁儿童需要 586 块积木、4 岁儿童需要 748 块积木、5 岁或更大儿童需要 980 块积木。仔细分析孩子的年龄特点、学习规律和需求后，我们觉得建构区要规划在空间相对大且稳定的场所，而且应该随着儿童年龄的增长而不断扩大。

（2）基于儿童的文化背景。

我们要成为班级儿童和家庭文化的研究者。第一步是了解我们自己的文化以及价值观、教育观。第二步是学习他人的文化，通过走进家庭以及社区等活动，获得关于儿童文化的总信息，并运用总信息来和家庭探讨儿童观、教育观以及环境观，达成家园携手教育的目标。

从儿童出发，让我们对区域环境规划有了清晰的原则——儿童立场，即构建符合幼儿年龄特点的、有教师和家长情感支持的儿童自己的区域环境。

2. 师幼共集区域的开放性材料

“开放性材料”是自然物或生活中废弃而可再利用的物品，充分体现了以幼儿生活为本的教育理念，能激发幼儿运用生活经验在多元开放的环境中自由、自主地选择和探索材料，从而循序渐进地支持他们架构各自的游戏学习过程。

（1）多样化的材料。

儿童是在不断成长中的，儿童的兴趣、需要也会因为各种有意无意的因素而变化。因此，本书关注儿童的兴趣，结合儿童的年龄特点和发展需要，在各个主题开展的过程中，提供满足不同年龄段不同需求的多样化材料，如自然物、生活类材料等，促进儿童的自我生长。

（2）低结构的材料。

低结构材料的丰富性和开放性能让每一个幼儿都能在适宜的环境中获得发展。例如，在户外沙水区中，教师提供了结构高低不一的砖头、树枝、水管、水桶等材料来满足不同幼儿的需要。

四、对区域活动内容的新建构

策略1——蓝本实施中创生新的区域内容

我们知道，蓝本教材往往是无法满足幼儿需要的，尤其对中大班幼儿来说，他们在自己的活动中、在与同伴的讨论中能生发很多新的兴趣点。因此，我们鼓励教师进行深度探究，结合幼儿的兴趣、需要，将蓝本内容深化或延伸，生成新的区域活动内容，巧妙实现了课程视角从蓝本教材转向丰富有趣的生活教材。

策略2——依托生活环节创生新的区域内容

一日生活皆课程，每一个生活环节都有潜在的课程内容，因此，教师要关注、观察幼儿在一日生活各环节中的表现，及时抓住他们的探究点，追随他们的脚步，通过一定的策略引导幼儿步步深入，逐渐形成一个个活泼泼的课程案例。

策略3——追随幼儿兴趣创生新的区域内容

兴趣是最好的老师，3～6岁的儿童对万物充满好奇。《3～6岁儿童学习与发展指南》中指出：要充分尊重和保护幼儿的好奇心和学习兴趣。因此，我们通过观察，聚焦幼儿在一日生活中的某个兴趣点或是某次“好奇事件”，通过搭建适宜的鹰架，让一件事变成一系列事，从一个点扩展到一个面，支持幼儿主动学习并获得经验的生长。

五、对区域活动互动的新实践

在区域活动中，我们着力互动策略研究，关注儿童的深度自主学习过程，关注儿童的完整经验生长，关注儿童的新学习点生成。在研究过程中，我们总结提炼形成了区域活动的互动策略。

策略1——倾听儿童的声音

（1）“回顾时间”。

“回顾时间”是指幼儿通过各种方法与教师及其他幼儿一起回顾他们所做和所学到的，再现相应的活动经验。幼儿在回顾的时候包括回顾做了什么、如何做的，回顾计划和发生过的事情。例如在建构区活动中，孩子们通过作品欣赏进行回顾，将最终呈现的作品与一开始的建构计划进行对比，分享他们是如何根据计划完成搭建的，在搭建过程中遇到了什么问题又是如何解决的。“回顾时间”给了幼儿一个相互分享的机会，通过分享自己或别人的作品与经验，幼儿能有机会与其他幼儿进行交流与合作，并互相学习。

（2）讨论新计划。

一次活动的结束也许只是时间上的结束，并不意味着活动的真正的结束，可能在这次活动中孩子们还未完成作品，下次还要继续。当然，也有可能在活动时间内也刚好结束了本次计划的内容。那下一次该做什么呢？还未完成的需要如何完成？已完成的要准备什么新活动呢？因此，讨论新计划也是教师在区域活动评价中的一个重要环节。通过讨论新计划，教师能了解幼儿的真实想法，同时也能根据幼儿新计划的需要创设适宜的环境，提供适宜的材料。

策略2——强调以观察为抓手

（1）观察幼儿的个人行为。

通过观察幼儿在区域活动中的行为、表现，教师能及时了解幼儿对活动材料、内容等的兴趣，在幼儿的操作摆弄中，教师也能看出幼儿的已有经验以及发展水平，当幼儿遇到问题时，教师就能结合问题与幼儿本身的水平而提供适宜的鹰架帮助幼儿解决问题，支持幼儿获得新经验的生长。

（2）观察幼儿的互动行为。

同伴间的互动是幼儿进行主动学习的又一方式，因此教师通过观察幼儿在区域中的互动也能了解不同幼儿之间的差异，发现幼儿是否具有主动学习的能力以及主动学习的水平，对于幼儿在活动中遇到的问题也能给予更有针对性的指导。同时，教师也能以此反思教师本身在区域中创设的环境、开发的内容是否能满足不同幼儿的需要和水平，从而更好地进行调整。

策略3——坚守“年长同伴”角色

（1）教师认可每一个幼儿以及他们的活动。

即使教师可能早就预见到活动会“失败”，例如在科学区进行探究活动的时候，幼儿的每一次尝试、操作，教师都应该给予认可，即使结果失败了，但重要的是幼儿进行活动的整个过程，在这个过程中，每个幼儿都能有不一样的收获。

（2）教师从幼儿的视角看活动。

教师认为有趣的，幼儿不一定感兴趣；教师认为“无用”的，在幼儿眼中也许会成为“宝藏”，因此教师一定要“放低姿态”“放低目光”，关注幼儿，从他们的视角看问题。

（3）教师能支持和帮助幼儿。

在各种各样的区域活动中，幼儿总是会遇到各种各样的难题，身为“同伴”的教师要及时并适时地给予支持与帮助，例如通过活动中的观察、活动后的讨论等了解幼儿的真实想法，反思幼儿的活动情况，并能在此基础上进行调整，包括环境的创设、材料的提供等等，帮助幼儿跨过难关，获得成长。

在幼儿的区域活动中，教师并不是一个旁观者，而是幼儿活动的支持者、合作者、引导者，教师更多地要成为儿童的“年长同伴”。

六、对区域活动评价的新思辨

三年来，本研究形成了“尊重生命，基于儿童视角；源于生活，与幼儿真实生活链接；支持生长，指向师幼经验‘全收获’”的本真理念，同时展开了对区域活动的价值、适宜性做有效判断的评价研究，以此不断优化区域活动课程的实施路径，最大限度满足不同幼儿个性发展的需要。本研究尝试从儿童、教师、家长、专家等多方主体展开对区域活动设计与实施展开评价。

区域活动课程评价体系从课程质量评估、幼儿发展评估和教师发展评估三方面展开。在课程质量评估中，关注区域活动课程立场的适宜性、区域活动课程方案的科学性、课程目标的达成度。在幼儿发展评估中，注重课程的整个环节，从而分析幼儿在课程中的自我学习与主动发展。在教师发展评价中，重点从教育认识、互动质量、自我反思三个方面展开，通过多维度的评价来优化并完成区域活动课程建构，从而促进幼儿、教师与课程的全面发展。

教育观念现代化的路径是由尊重儿童天性、以儿童为教育的中心这一观念来贯穿的。随着课程游戏化前瞻性实验项目区域研究共同体活动的展开，项目组从区域活动出发，在观察和理解儿童的过程中尝试用儿童的视角来理解儿童的活动，在支持和陪伴儿童游戏的过程中立足本真，赋能儿童发展，在不同层次、不同活动场景中支持儿童获得多维经验，实现全面发展。

最后，真诚感恩苏州市教育科学研究院的戈柔女士和苏州市教育局的赵蔚岚女士对我们项目组每个幼儿园的高度关心和鼎力支持，一路以来带领我们项目组明方向，细研究，实成果。同时也感恩项目组的每个成员，一路相伴，共同成长！最后也感恩苏州大学出版社对我们项目组的大力支持，让每个研究区域活动的幼教人能有所研，更有所获！

目 录
CONTENTS

苏州市幼儿园课程游戏化前瞻性实验项目区域研究共同体简介

小班篇

中班篇

大班篇

苏州市幼儿园课程游戏化前瞻性实验项目区域研究共同体简介

张家港市锦丰中心·幼儿园

张家港市锦丰中心幼儿园（以下简称“锦丰中心幼儿园”）创办于1974年，是一所省示范性实验幼儿园，现有本部、东园、西园三个园区，实行“一园三区”一体化管理。目前在园幼儿726名，教职员工150余名。经过四十多年，幼儿园逐步形成了“大爱”文化，确立了“守望花开”的办园理念，构建了以“渗透式领域课程”为蓝本的基础性课程，以项目活动为主的选择性课程，以地域文化传承为主的特色课程，实现课程实施的综合化、游戏化和生活化。

为构建以人为本、开放互动、统一和谐的环境，幼儿园对室内外环境进行了整体的规划与设计，园内设有绘本室、科学发现室、沙上文化室、木工坊、印染坊、骑行区、沙水区、涂鸦区、建构区、棋苑等游戏区，为孩子的发展创造良好的条件。

近年来，锦丰中心幼儿园荣获“苏州市课程游戏化前瞻性实验项目研究共同体”“苏州市教育学会园本特色课程基地幼儿园”“张家港市全民阅读优秀书香校园”“张家港市融合教育示范校”等荣誉称号，多次承办和协办省、市级展示活动，30 多位教师参加各类展示交流活动，市镇两级骨干教师人数逐年攀升。

锦丰中心幼儿园，一座繁花似锦的成长乐园，将用先进的教育理念营造良好的育人环境，把体贴和关爱奉献给每一个孩子。怀揣着教育梦想的锦幼人，在这里播种、收获，用爱静待每一朵花儿的美丽绽放。

常熟市东南幼儿园

常熟市东南幼儿园位于常熟国家高新技术产业开发区。幼儿园规模为一园多园区，目前有 1 名正高级教授，1 名省教科研先进个人，多名市、区学科带头人。

多年来，幼儿园积极走“科教相融，教科并进”道路，开展了国家社会科学基金教育学一般项目“完整经验建构视域下幼儿成长空间再造的研究”、省教研课题“区域活动中幼儿关键经验生长的案例研究”“区域环境支持幼儿深度学习的实践研究”等课题研究。幼儿园着力区域活动的实践研究，注重关注儿童经验，建构了基于叶圣陶

“儿童种子观”的“苗苗教育”——尊重生命，基于幼儿视角；源于生活，与幼儿真实生活链接；支持生长，指向师幼全收获。省教研课题成果获江苏省二等奖；出版了教育专著《区域活动：儿童、经验及其生长》，研究成果获苏州市教学成果奖一等奖。

幼儿园获“国际生态学校绿旗荣誉”，先后被评为“江苏省优质幼儿园”“江苏省青年文明号”“苏州市中小学一校一品党建文化品牌项目”“苏州市教师发展示范基地”“苏州市‘四有’好教师团队重点培育团队”“苏州市教科研基地园”“苏州市课程游戏化前瞻性项目园”等。

太仓市城厢镇幼教中心·弇山幼儿园

太仓市城厢镇幼教中心弇山幼儿园位于太仓市城厢镇长春北路 11 号，前身是太仓市城厢镇第一小学附属幼儿园，已有近百年历史，是一所全日制公办幼儿园。

2009 年 8 月，幼儿园异地新建，现有 18 个教学班，578 名幼儿，76 名教职工，其中 1 名教师获评“姑苏领军人才”，多名教师获评“苏州市学科带头人”“苏州市优秀教育工作者”“苏州市双十佳”“苏州市特教园丁”“太仓市师德标兵”“太仓市学科带头人”等荣誉称号。

幼儿园以“小园慢生活，幸福伴成长”为办园宗旨，以“探寻小园幸福时光”为办园理念，致力培育“乐学趣游、自主成长”的幼儿，培养“勤思悦教，互学共长”的教师，努力建设有生命、有温度、有情怀的弇山文化。

“十三五”期间，幼儿园以“纳百稚、润童心、伴成长”为引领，探索了课程游戏化背景下的普特融合教育模式，实现了“融合共育”的课程内容；“十四五”以来，从儿童的“物种调查”出发，以春生、夏长、秋收、冬藏为课程线索，让孩子们在与资源、季节、环境互动中，遇见最美的自己，遇见最适宜的课程。

近年来，幼儿园先后获评“苏州市文明单位”“苏州市语言文字规范化示范校”“苏州市优秀公益助残爱心单位”等称号，努力成为家长满意、社会认可的家门口的省级优质幼儿园。

吴江经济技术开发区天和幼儿园

吴江经济技术开发区天和幼儿园创立于2005年，2020年成立了天悦分园。目前教师团队中本科以上学历达到95%，硕士研究生3人，吴江首位幼教博士在读1人，多人被评为“江苏省教学名师”“苏州市双十佳”“苏州市优秀教师”“苏州市教科研先进个人”“吴江区名教师”等称号。幼儿园遵循江苏省课程游戏化理念，依托江苏省教育科学“十四五”规划课题“指向完整儿童生长的幼儿园全阅读课程建设研究”、江苏省教育学会“十四五”重点课题“全阅读活动中儿童学习群生成与运行的研究”，以幼儿的完整生长为宗旨，实施全阅读课程，促进儿童在全阅读活动中得到长效的发展。该

课程于2020年荣获苏州市基础教育教学成果奖一等奖，为课程再建设奠定了深厚的基础。园所先后被评为“江苏省平安校园”“江苏省示范性实验幼儿园”“江苏省托幼机构保健合格单位”“苏州市前瞻性项目园”“苏州市第二批语言文字规范达标学校”“苏州市教育学会第三批‘园本特色课程基地’”等。

苏州市吴中区胥口实验幼儿园

苏州市吴中区胥口实验幼儿园，一所阳光与书香交融的幼儿园，始建于 1986 年，2012 年易地新建，园内布局合理，环境优美，功能齐全，各项设施一应俱全，是孩子们的乐园、学园和家园。目前在园幼儿 512 名、教职工 98 名。

自办园以来，幼儿园坚持以"用爱养育、用心教育"的办园宗旨抓管理、重规范；秉承传统，开拓创新；重保教质量，强内涵发展，是苏州市吴中区胥口镇第一所江苏

省优质公办园。园所以绘本为媒介、阅读为纽带，开展“浸润式阅读”课程，组织幼儿、教师、家长三位一体的立体阅读活动，共同携手创设和谐、多元的阅读空间。以“绘本代入式”为主旋律开展讲、演、画、动、做等多维度游戏化活动，让幼儿体验阅读的多元化。

园所有着爱生活、爱学习、爱孩子的教师团队，还有热心、细致、能干的后勤团队。“案例式体验”的教研，“沉浸式阅读”的科研，“融入式保健”的后勤，一个团结务实、廉洁创新的团队正在以饱满的热情，高昂的斗志，用心、用情、用爱共同优化，为幼儿创设了安全、自由、平等、愉快的幸福乐园。多年来先后获得了“苏州市课程游戏化前瞻性项目园”“苏州市家庭教育课程项目幼儿园”“苏州市园本特色课程基地”“吴中区三八红旗集体”“吴中区优秀家长学校”“吴中区幼儿园课程建设先进集体”等荣誉称号。

苏州市相城区蠡口中心·幼儿园

苏州市相城区蠡口中心幼儿园，始建于1983年，是一所有着四十多年办园历史的公办幼儿园。2021年，幼儿园整体搬迁至相城区元和街道庆元路5号，设施设备均按照江苏省优质幼儿园标准配置。现有教师58人，其中区级及以上骨干教师34人。

幼儿园先后获得“江苏省示范性实验幼儿园”“江苏省绿色学校”“江苏省文明学校”等荣誉称号。“苏州市教育科研基地”“苏州市家庭教育项目基地”“苏州市课程游戏化前瞻性项目”等多个基地项目研究开展得如火如荼，在全体蠡幼人协力下，幼儿园多年蝉联相城区常规管理先进一等奖，多次承担省、市、区级活动，得到了各级领导专家的好评。

著名教育家陈鹤琴认为，“大自然、大社会都是活教材”，幼儿园紧抓“原色、原味、原生态”的办园特色，依托独具园所特色的生态美育课程不断奋进，顺应幼儿自然天性，以自然资源与传统文化为主要载体设计相应课程，努力营造幼儿园健康、自然、生态的文化氛围，使幼儿在轻松、自然的状态下健康成长。

苏州工业园区新城花园小学附属幼儿园

苏州工业园区新城花园小学附属幼儿园于 1998 年 2 月正式开园，隶属于苏州工业园区管理委员会，是工业园区第一所直属公办幼儿园。教师本科及以上学历达 96%，中高级教师占比 79.2%，市、区级骨干教师占比 66%。

幼儿园积极探索富有文化内涵的办园之路，在园区多元文化融合的背景下，致力于打造吴文化特色品牌幼儿园，充分挖掘适宜于幼儿教育的吴地资源，形成具有一定个性的园所文化，不断构建和拓展文化建设的内涵与品质。识儿童本色：从幼儿视角，

品吴地文化的隽美乐趣；润吴韵底色：从教师视角，读吴地文化的教育之意；扬新城特色：从课程视角，融吴地文化于快乐游戏。

在课程游戏化理念引领下，幼儿园依托江苏省幼儿园课程游戏化建设项目、苏州市课程游戏化前瞻性项目、苏州工业园区学前课程游戏化共同体项目、苏州工业园区幼儿园课程改革品牌项目等，积极探索吴文化课程实施新思路和新策略。

建园至今，幼儿园先后获得“苏州市青年文明号”“苏州市巾帼文明岗”“苏州市绿色幼儿园”“苏州市平安校园”“苏州市教育后勤工作先进学校”“苏州工业园区文明单位”“苏州工业园区教育工作先进单位”“苏州工业园区教育系统先进基层党组织”“苏州工业园区融合教育先进集体”“苏州工业园区教育系统安全工作先进单位”等荣誉称号。

苏州市公园路幼儿园

苏州市公园路幼儿园创建于1955年，隶属苏州市机关事务管理局，秉承“仁智并举，蒙以养正”的办园理念，以“承百年树人之公心，筑童心蒙养之家园”为办园目标，致力于为幼儿提供优质教育。连续多年被评为“江苏省文明单位”“苏州市文明单位”“青年文明号”“巾帼文明示范岗”“苏州市卫生保健先进单位”“市级机关先进基层党组织”等。目前有高级教师4名、学科带头人1名、苏州市优秀教育工作者9名、苏州市幼儿园青年教师“双十佳”4名、苏州市青年岗位能手1名。

幼儿园多年来坚持科研引领，促进内涵发展。自“九五”至“十三五”，已顺利完成 7 项苏州市规划课题、1 项重点规划课题、1 项国家级子课题，获江苏省学前教育学会课题研究成果奖一等奖、国家级学会课题研究成果奖三等奖。目前正积极实施苏州市教育科学“十四五”规划课题“音乐智能理论视域下 2～3 岁婴幼儿音乐感统素质培养的对策研究”、江苏省学前教育学会“十四五”规划课题“儿童立场视角下——幼儿园课程游戏化区域活动的实践研究”，在科研业务工作上取得了卓著成绩。

江苏省新苏师范学校附属小学附设幼儿园

江苏省新苏师范学校附属小学附设幼儿园，是隶属于苏州市教育局的一所江苏省优质公办幼儿园，创建于1913年，至今已有100多年的办园历史。幼儿园设12个教学班，有生活坊、美劳室、阅览区、木工房、建构室、户外种植、玩沙等室场。目前，共有22名在编教职工，其中1名教师获评“苏州市名教师”，多名教师获评“苏州市区中小学学科带头人”“苏州市优秀教育工作者”“苏州市双十佳”“苏州市最美劳动者”“苏州市师德标兵”等荣誉称号。

自2019年起，新苏师范学校附属小学树立集团化办学的目标，由幼儿园通过管理输出、课程输出、教师带教、业务指导等方式，集团成员校互相促进，共同进步，保证各园办学质量的不断提高，使孩子们都能享有“家门口的好学校”。

幼儿园以“润自然本色　养童年底色　成青禾亮色”为办园宗旨，以“青青之禾向阳而生”为办园理念，致力培育“健康、乐学、明礼、自信”的儿童，培养“崇德、尚美、善思、求真”的教师队伍，努力建成一所环境优美、管理高效、师资精良、科研扎实、特色育人的优质幼儿园。

苏州市民治路幼儿园

苏州市民治路幼儿园创建于1949年9月，隶属于苏州市机关事务管理局。在70多年的办园历程中，坚持“一切为了孩子”的办园宗旨，形成了鲜明的办园特色。教师队伍精良，研究生及本科学历教师占比95%以上；现有高级教师3名，省科研教师先进个人1名，市、区学科带头人3名，苏州市幼儿园教坛新秀“双十佳”9名，苏州市青年岗位能手3名。

经过长期的积累，幼儿园形成了良好的教科研氛围。至今，幼儿园已完成了6项市级以上立项课题研究，江苏省教育科学规划重点资助课题“创意艺术活动在幼儿园主题教学中的实践研究”在2016年圆满结题。参与编写“新编幼儿园系列教材”等多套幼儿园教材，结集出版了《幼儿园自制体育玩具118例》一书。幼儿园弘扬“给特殊孩子更多关爱”的大爱精神，接纳孤独症儿童开展融合教育，积极参与教育部重点

课题“自闭症儿童学前融合教育区域性支持保障体系建设研究”等国家、省级课题研究，为孤独症儿童及其家庭带来更多希望。

因保教质量成绩显著，幼儿园于 1997 年被确认为首批江苏省示范性实验幼儿园。先后被评为“江苏省文明单位”“苏州市文明单位”“江苏省教育科研先进集体”“江苏省现代教育技术实验学校”“全省机关事务管理系统先进集体”“苏州市特殊教育工作先进集体”。

小班篇

建构区：纸砖王国

苏州市公园路幼儿园

一、活动背景

我们班孩子特别爱用敏锐的眼睛洞察大世界，用灵巧的小手创建小天地，小一班的孩子想要一起走进有故事的建构王国……平铺、延长、围合、垒高、架空，孩子们该怎么忙乎呢？于是我们师生决定共同探索如何用纸砖搭建属于孩子们自己的王国。

二、活动实施

活动目标：

（1）愿意参与“纸砖王国”的搭建活动，体验搭建完成的成就感。

（2）通过计划、讨论、操作、反思，选择适宜的材料进行搭建，明晰自己的搭建任务，搭建结构较为完整的身体部位。

（3）能够运用平铺、垒高、架空等方式搭建自己想要的主题内容。

建构区

活动过程：

小朋友们都想要进入建构区开展游戏，但建筑区可容纳人数有限，活动时又处在最炎热的夏天，所以我们决定将建构材料带到班中开展游戏。活动开始之前，孩子们先都当起了搬运工。

小星来到了纸砖建筑工地，他将纸砖从地上拿起来，并开始将其一块并一块地平铺在地上。小希看见了就好奇地问：“小星，你在干什么？”小星说：“我在搭火车，这是我的火车，它有很多车厢，特别长。”小希听到后也想来搭建火车，也开始从柜子里搬纸砖，和小星一起在地上铺起来。

不一会，纸砖都被搬到了地上，小星看了看自己的作品，不是很满意，又从后面拆了几块，把它们放在了第一块上面，做成了一个火车头。他坐到了火车头后面的第一节车厢上说：“我是火车司机，你们赶快上车，火车要开了。”在纸砖建筑工地玩的其他小朋友听到后，都跑了过来，坐到了后面。小希也想当司机，于是对小星说：“我也想当司机。”小星想了想说：“那你等一下吧，我当完司机，你再当。”小星开起了他的小火车：“出发了，呜呜呜。”玩了一会后，小星离开了司机的位置，换小希坐到了前面来当司机。

搭建火车

小希来到了纸砖建筑工地，不一会又转变了主意，他先跑过去跟老师说了说自己的想法，然后将所有的纸盒砖块全搬了出来，堆到地上。“我今天要搭一个飞机战斗基地。”接着他先在地上平铺了一条纸砖道，说：“这是我们基地飞机起飞的跑道。”小星听到以后在跑道的两边叠起了纸砖，垒成对称的两面。接着他将长方形纸砖从“材料”中全部挑出来，然后将这些长方形纸砖一块一块小心地放进基地中，开始垒高，堆叠。在放到还差两块纸砖距离就齐平的时候，他又找来拱形纸砖，叠放在上方。“这是我们基地的发射炮弹的地方。”小星刚搭建完他的基地，路过的小希就不小心碰到了他的基地，一面墙倒塌了。“对不起，我不是故意的。”“没关系，我重新搭一下就好了。”于是小希帮助小星一起重新搭建倒掉的部分。

这时，老师走过来问：“你们搭的是什么？”小希一下子激动起来，抢着说：“是飞机、火箭。”然后指着作品的后部说：“这里会喷火！火箭‘嘭’地一下就发射了。”老师又问：“飞机的机翼在哪里呀？”小希立马走到作品的中部说这是飞机的翅膀，又跑到作品的前头说这也是翅膀。老师听完，肯定了他的作品，暂时离开去看其他同学的作品。

另一边，两个女孩子正认真搭建着属于她们的城堡。小礼一个人在地上搭建房子，先选择了一些长方形纸砖作为底，然后找来了一些三角形纸砖，将这些纸砖竖放在长方形底座上，接着在中间靠近的两块纸砖上面架起一个半圆形纸砖，又在下方的空隙中放上很多小方块纸砖。这时旁边和她一起搭纸砖的小梧，搭建好了自己的高楼，她来到小礼边上，说：“我和你一起搭吧！”小礼同意了，对小梧说：“我还要一些长方形纸砖。”小梧立刻跑到蓝色的纸砖筐里翻找了起来，很快拿了两块纸砖跑了回来。小梧将纸砖递给小礼，小礼接过纸砖继续搭建起来。她将长方形纸砖全部并排侧放在一起作为城堡的底，然后在两端竖放了两块方形纸砖作为支撑，还在上面平放了一块长方形纸砖，接着以同样的方式在两边放上两块方形的纸砖进行垒高，堆叠了三层，她在部分方形纸砖的顶上盖上了三角形的纸砖。小梧见状，非常感兴趣，说：“我帮你在上面装饰一下吧！”说完她在小礼搭建的房子上放上了许多小方块。“这些都是小汽车。”“我们在房子外面再搭个小花园，里面种上树苗。”

老师适时提醒孩子们：“大家每一次搭建的时候，将上面和下面的纸砖对整齐放平整，纸砖就不会倒了。”孩子们自由选择合适的材料进行有效组合。看，小朋友们搭得多认真呀！

建构中的交流与互动

我们的思考：小礼在本次建构中仍以独自游戏为主，但小梧主动找到她，要求加入她的游戏，小礼也给予了回应，两个人在游戏中进行了简单的配合，产生了交流与互动。

小希是班里语言能力和认知能力发展较好的幼儿，能够确定自己的建构主题，并围绕着自己的主题开展活动，而且他的耐心和坚持性都较好，能够持续投入建构。不过他的建构技能较弱，建构水平发展较同班孩子慢，不能很好地将自己的认知和想法在建构中体现出来，所以出现了能说出来却搭不出来的情况。

在遇到问题时，小星能够自己尝试解决问题。他的社会交往能力较以前有了很大的进步，能与他人友好相处，情绪情感得到发展。

教师可以给幼儿提供更多的建筑图片等，丰富他们的经验，鼓励他们搭建出更多有特色、有创意的建筑，并将幼儿每次的作品都记录下来。教师也可以帮表现突出的幼儿举办一个作品展览会，让其他幼儿来学习欣赏，帮助其创设更多的表现机会，鼓励他与同伴共同游戏，帮助一些能力较差的幼儿，做个“小老师”。

三、活动反思

孩子们大多愿意主动邀请他人或加入他人的游戏，促进建构游戏中合作行为的发生；他们也很乐意帮助别的小朋友进行建构，促进建构水平较弱的幼儿的发展。

通过为期一个月的观察与指导，我班幼儿在建构区的游戏水平有明显提升，部分能力较强的幼儿在反复游戏中习得了搭建的技能技巧、与人沟通交流的技巧，锻炼了自身的能力。

科学区：小蓝虾，我们走

江苏省新苏师范学校附属小学附设幼儿园

一、活动背景

幼儿园的自然角是大自然的缩影，是幼儿熟悉自然、探索自然的窗口，也是幼儿感受自然的最佳场所。《3～6岁儿童学习与发展指南》(以下简称《指南》)中对幼儿的发展也有这样的指导，“亲近自然，喜欢探究”“在探究中认识周围事物和现象”。因此，合理开发并利用好自然角，为幼儿提供接触、观察、探索自然的机会，是非常重要和必要的。在对小班自然角的创设中，我们也渗透了许多的教育理念。

二、活动实施

自然角作为幼儿探究的一个小世界，所呈现的物品应丰富多彩。我们发动家长参与，让幼儿带来一些常见的、安全的、方便孩子照料的动植物。班级自然角里种植了一些植物，如土豆、山芋、萝卜等，都是幼儿常见的。班级还设置了动物的养殖区，有一天孩子们带来了一个神奇的小家伙——小蓝虾，在每天观察和照顾的过程中，他们越发地认识了这个小家伙，对它产生了更多的情感。

(一)生活中寻找——探索的萌芽

对幼儿而言，生活是重要的学习内容，也是重要的学习途径。幼儿的一日生活、与幼儿有关的社会生活及幼儿的游戏都是重要的课程资源。我们要善于从幼儿的生活出发，利用幼儿身边的人和事，利用幼儿熟悉的环境，以适合幼儿的方式，组织教育

班级自然角

孩子们在观察

活动，让幼儿在生活中学习，在生活中发展。生活化的幼儿园课程立足生活，以生活为背景，让幼儿在生活中不断拓展经验，发展积极的情感。

某天晨间来园，阿提小朋友带来了一个小水缸，里面有一个神秘的小家伙，孩子们看到后纷纷围拢过来。“它是什么动物呀？”“它怎么这么小啊？”孩子们对这个新奇的小家伙充满了好奇心，冒出了一个个小问题。就这样小蓝虾来到了大家身边。孩子们在休息的时候都会去看看它，和它玩儿，和它聊天，我们和小蓝虾的故事就这样开始了！

小组观察

我们的思考：既然孩子们对这个陌生的小家伙这么感兴趣，我们为何不带着孩子们一起去认识它，了解它的生活习性、生长特征，从而更好地照顾这个小家伙呢？

（二）生活中积累——实施的手段

1. 认识小蓝虾

活动 1：亲子调查表

自从小蓝虾出现在孩子们的视野中，他们每天都会去观察它，时常会问“小蓝虾为什么是蓝色的呢？”“它有几条腿呢？”“它的好朋友是谁？”“我们可以吃它吗？”带着这些问题，我们请家长和孩子们开展了“大调查”活动。

我们的思考：亲子调查的形式可以让孩子们在书本和网络中找到一些有关小蓝虾的资料信息，这些专业、权威的信息，可以帮助孩子们解开起初最为困惑的问题，而且通过这样的形式能够激发他们探索知识的主动性。

我们的指导：回到班级后，我们梳理了孩子们的问题，并根据每一个问题请幼儿自己来回答。例如：孩子们了解到小蓝虾原本生活在海洋中，它为了保护自己不断进化成蓝色，让想吃它的动物找不到它，最终就演变成我们现在看到的样子。我们还在日常观察中，引导孩子们用数一数的办法知道了小蓝虾原来有 8 只脚，两边各有 4 只。

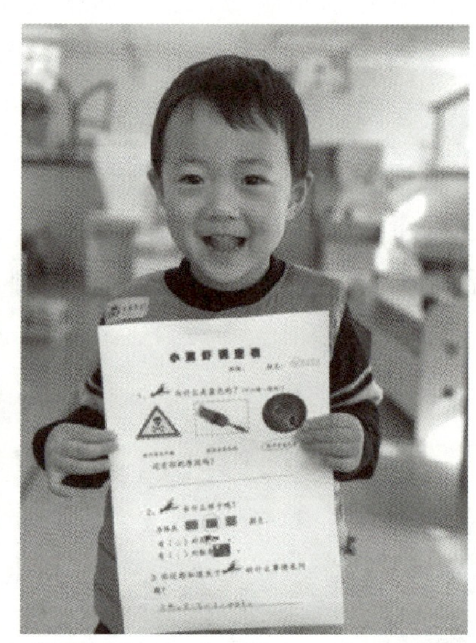

我的调查表

活动 2：小蓝虾专家亲临现场

孩子们的问题好多，还有很多也难倒了老师，阿提小朋友告诉我们，她的爸爸知道很多关于小蓝虾的秘密，可以来给小朋友们解答困惑。

我们的思考：《幼儿园教育指导纲要（试行）》（以下简称《纲要》）指出：“充分利用自然环境和社区的教育资源，扩展幼儿生活和学习的空间。”这当然也包括家长资源，因此，我们还邀请到了“小蓝虾专家”——阿提小朋友的爸爸和我们面对面解答疑问。

我们的指导：通过专家解答，幼儿了解到钳子是小蓝虾的工具、武器和玩具，它不仅可以帮助小蓝虾吃东西，而且在小蓝虾遇到危险的时候钳子是它的武器，无聊的时候钳子是它的玩具。孩子们听了专家介绍后，对小蓝虾的喜爱更多了，这一活动也让他们在真实、生动的情境中，各自丰富了知识。

小蓝虾专家来了

专家现场答题解惑

2. 小蓝虾换衣服了

一日，孩子们发现小蓝虾的家里凭空又出现了一只透明的小蓝虾。怎么会有两只小蓝虾呢？这引得孩子们纷纷前来观看。

我们的思考：瓶子里突然出现的不明物引起了孩子们的好奇和疑惑，带着问题我们和孩子们一起去观察，一探究竟。

我们的指导：请孩子们回到自己的座位，把小水缸放在桌子中间，给他们时间和空间仔细观察，孩子们观察好一阵后，发现原来这个透明的东西是小蓝虾脱下来的壳。它的壳就像自己的衣服一样，小蓝虾一天天长大，衣服太小了，它需要脱下来，换一件衣服。孩子们在每日的观察中，发现了小蓝虾会脱壳的生活习性。

小蓝虾脱壳了

3. 小蓝虾不见了

在小蓝虾脱壳后的几日，丁丁慌张地跑来告诉老师："老师，小蓝虾不见了，只有壳在水里。"老师便和孩子们一起观察水里的变化，小蓝虾一定不会凭空消失，到底是怎么回事？

我们的思考：孩子们在每日的观察中一点点了解到小蓝虾的生活习性。小蓝虾一定是躲起来了，它为什么会躲在自己的壳里呢？带着问题我们和孩子们一起去发现。

我们的指导：和孩子们一起屏住呼吸观察水里的一举一动。"你们看这个壳怎么在动呢！"接着神奇的事情发生了，一个大钳子从壳里伸了出来，原来小蓝虾躲在里面呢！真是虚惊一场，原来它在和我们玩捉迷藏的游戏呢！真是个淘气的小家伙。那么它躲在里面干什么呢？午休时间到了，孩子们继续观察它。"老师，壳被小蓝虾分成两半了。"等放学的时候再去看它时，大家发现壳不见了。原来，小蓝虾把自己脱下来的

小蓝虾不见了

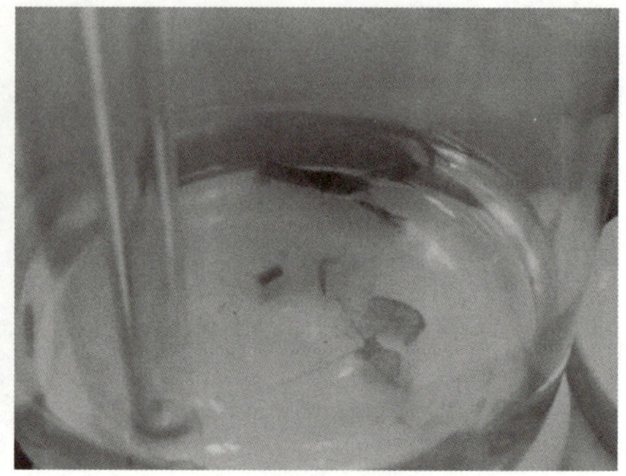

小蓝虾在吃自己的壳

壳全部吃完了。通过这件有趣的事情，孩子们知道了原来小蓝虾会吃自己的壳，就像我们小朋友吃钙片，说明它需要这样的营养，它需要长大！

4. 小蓝虾它还爱吃什么

小蓝虾除了会吃自己的壳，它还喜欢吃什么呢？每天给小蓝虾喂好吃的食物，是孩子们最开心的事情了。孩子们说："喂一喂我们吃的米粒给它吧！""它喜欢吃肉吗？""要不也给它吃点蔬菜。"

我们的思考： 孩子们把小蓝虾当作自己的朋友，每天午餐和点心时间都想要去投喂小蓝虾，但几天下来我们发现，小蓝虾生活的水缸里的水特别浑浊，孩子们扔的食物它好像都不喜欢，那么怎样能让孩子们知道每天只需要投喂虾粮就可以了呢？只有通过亲身实践，他们才能明白。

我们的指导： 公平起见我们请幼儿轮流给小蓝虾喂食，还告诉他们每天只投喂一种，数量不能太多。通过每天给小蓝虾喂食，孩子们发现米粒、肉、蔬菜都不是它喜欢的食物。它还是最喜欢吃虾粮。

5. 陪伴小蓝虾散步

天气晴朗的某一天，孩子们提议午餐后带小蓝虾出来散步，就像我们饭后散步一样。

我们的思考： 离开水的小蓝虾还能正常生活吗？

我们的指导： 我们在安全的情况下，请小蓝虾来到没有水的桌面上。孩子们激动极了，瞪大眼睛观察着它。"老师，它会爬，它过来了。""它好害羞。""它的尾巴蜷起来了。""小蓝虾有点累。""它没有力气和我们玩了。""小蓝虾好像不喜欢出来散步。"孩子们你一句我一句地把自己的发现表达了出来。过了一阵，孩子们发现小蓝虾不动了，担心极了，立刻把它放回水中。在水里的小蓝虾又活泼好动了起来。这是孩子们与小蓝虾的一次近距离接触，他们发现小蓝虾还是喜欢生活在水里，它在水里更自在、更活泼。

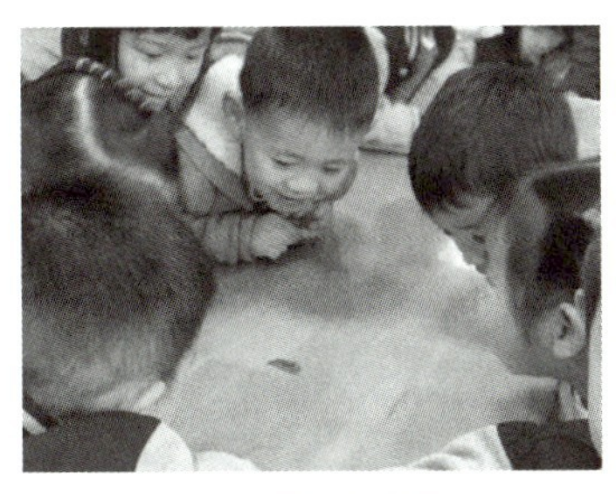
小蓝虾爬过来了

小蓝虾怎么不动了

小蓝虾是不是累了

6. 小蓝虾和它的朋友

孩子们说："水里只有一只小蓝虾。它都没有朋友，好可怜。能不能再邀请它的朋友来？"

我们的思考：孩子们对小蓝虾有了更深刻的情感，希望它也能每天有朋友的陪伴。我们想要帮助孩子们实现这个小小的心愿，于是请阿提的爸爸帮忙再带来两只小蓝虾。

我们的指导：我们把它们都放在一个水缸里。一天放学后，可怕的事情发生了，有两只小蓝虾打了起来，有一只还受了伤，看来小蓝虾也是会有脾气的，它们正在争夺属于自己的领地呢！孩子们不能目睹这样的场景，因此我们用视频的方式记录了下来，请孩子们一起来想办法如何让它们更好地生活在一起。

7. 小蓝虾搬家

第二天孩子们就给那只个头最大、脾气火暴的小蓝虾起名"雷神"。管那只小小的、挨打的叫"小不点儿"。还有一只躲在一边一动不动的，叫"小可爱"。孩子们为了能够让它们三个小家伙安全地生活下去，决定给它们三个搬家。

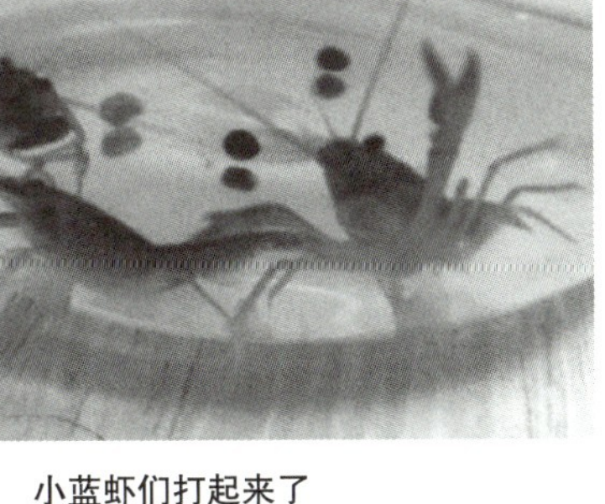
小蓝虾们打起来了

给小蓝虾起名字

我们的思考：这是一个放手让孩子们去自主创造的机会，为小蓝虾安家是他们发自内心的一种情感表达。

我们的指导：第二天，我们引导孩子们在班级里寻找可以给小蓝虾安家的材料，孩子们找来了塑料筐、鹅卵石、水草、洞洞板、花片积木、蘑菇钉等好多材料。他们运用自己平时学到的本领，给小蓝虾们搭建了好多有趣的建筑，有摩天轮、花园，还有各种各样的房子。待所有物品准备完毕，我们把材料一件一件地摆放到注入水的塑料筐中。孩子们小心翼翼地摆着，用他们的爱心给小蓝虾营造了一个温暖的家。很快，它们的家都安置好了。我们把这三个家分别放在教室的三个角落，这样孩子们每天都可以观察它们，照顾它们，陪伴它们。孩子们的探索活动更为深入、主动。

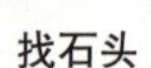
找石头

搭建房子

建造游乐场

摆上水草

给小蓝虾安家

小蓝虾搬入新家

三、活动反思

兴趣是幼儿学习的第一生命力，要让幼儿从小关注周围的环境，去探索和发现。本活动围绕幼儿生活相关的内容，很好地唤起了他们对学习的兴趣，激发了他们的求知欲。培养一个会运用知识、会生活的人，才是我们生活化课程的真正归宿。我们不仅要教会幼儿一些常见的知识，更要让他们学会如何将知识运用到生活中去，要善于发现生活中的问题，进而解决问题。在幼儿与小蓝虾的故事中，我们发现，在每日点滴的观察、关注、发现、解决问题的过程中，幼儿的探究已经不知不觉地从对小蓝虾外形特征的认识转变到了对其生活习性的认识。当然，最重要的是，幼儿发现自己已经成为小蓝虾不可缺少的好朋友，这便是此次活动最大的收获吧。

科学区：你好，蚕宝宝

苏州工业园区新城花园小学附属幼儿园

一、活动背景

随着儿童本位观的深入人心，儿童记录的价值也越来越被大家重视。儿童记录让教师看见孩子们正在进行的活动，帮助他们学会思考。孩子们每天都用儿童记录的方式记录着一日生活的点点滴滴，记录那些他们愿意记、努力记、用心记的光景。

对于小班幼儿来说，做好日常记录似乎难度很大，因此，教师如何引发幼儿记录，以适宜的方式支持、帮助他们，是我们需要思考的。本文从幼儿天天都要观察的科学区入手，以蚕宝宝的生长故事为媒介，发现幼儿记录背后的故事。

二、活动实施

（一）聆听儿童，支持记录

当儿童记录和小班幼儿产生碰撞时，教师需要思考以下几个问题。

问题 1：儿童会做记录吗？他们都在记录什么？

我们在区域、游戏、自然角等地方都发现了儿童记录的影子。由此可以看出，孩子们是可以记录的、能记录的、会记录的，并且记录的内容倾向于“有趣的”“好玩的”“开心的”“不开心的”等，他们用自己的方式记录着自己的生活、学习与成长，内容非常丰富。

我们的支持：几支笔、几张纸，留白、放手。

问题 2：如何支持不同幼儿持续记录？

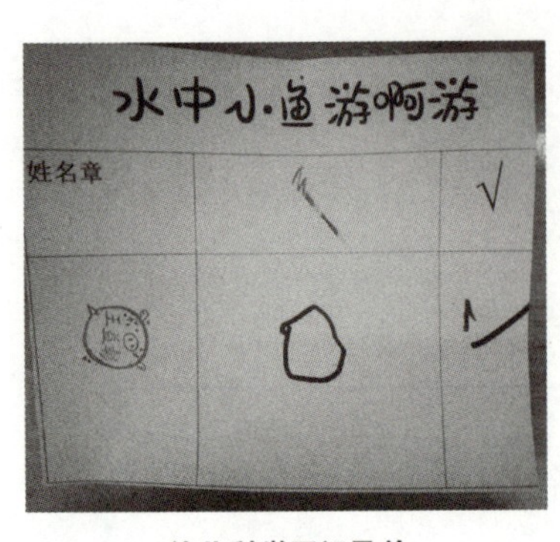

幼儿科学区记录单

我们在自然角投放了一些笔和纸，告诉孩子们，可以把自己在自然角看到的画下来，一开始大家都争先恐后跑过去，后来我们通过观察发现去画画的总是那几个喜欢画画的女生，画了几天后，记录的人越来越少，于是新的谈话发生了……

师："自然角最近为什么记录少了？"

幼 A："我不敢画，怕画不好。"

幼 B："我不知道画什么，我不会画朵朵画的那种小花。"

幼 C："老师，我不会画叶子。"

说到这里，我们发现了小班的孩子们表征经验水平、绘画水平都存在很大的差异，对于自信心不足的孩子来说，大胆画、大胆记是很大的挑战。

我们的支持：

1. 言语鼓励

听取幼儿反馈后，教师以眼神、言语鼓励他们，对那些自信心不足的孩子耐心解释："没关系，大家只需要将自己看到的，用自己喜欢的方式画下来，这不是画画比赛，老师相信小朋友们都有一双爱观察的小眼睛。"

2. 经验共享

随后教师拿起记录本与幼儿一起共赏他们记录的内容，对每次记录都给予极大的肯定和鼓励，让幼儿获得经验上的提升。

3. 材料调整

对于不太擅长画画且自信心不足的幼儿，我们提供了手机，让幼儿将自己所见以图像的方式记录下来，使部分幼儿愿意记录，喜欢记录。对于善于记录的幼儿，我们及时将他们的想法在旁边以文字形式记录下来，在了解幼儿真实想法外，帮助幼儿养

幼儿分享记录

幼儿用手机记录

成坚持记录的好习惯。

（二）经验提升，推进课程

经过一段时间的坚持，幼儿已经有了初步的记录意识，但是幼儿的记录大多是单一的，经验是断裂的。如何从孩子们的记录中生发课程呢？

1. 第一次接触蚕宝宝

一天，歌扬小朋友带来了一盒蚕宝宝，孩子们都很好奇，追着看小盒子里面装的是什么。

幼儿饲养蚕宝宝

蚕宝宝

“这是毛毛虫吗？”

“不是毛毛虫，毛毛虫是有毛的，这个没有毛。”

“那是什么？”

“这是蚕啦！”

听着孩子们你一言我一语的讨论，教师发现这是一次从幼儿兴趣出发展开课程的好机会。

2. 经验积累——调查蚕宝宝

师：“想要养好蚕宝宝那就必须先了解它们噢！你们对于蚕宝宝都有哪些疑问呢？我们可以将问题记录下来，做成调查问卷，回去和爸爸、妈妈一起做功课，再将搜集来的资料带回来和小伙伴们分享！”

小伙伴们的好奇好问

“蚕宝宝喜欢吃什么？树叶，米饭？还是什么都可以吃？”

“它小时候这么黑，长大是怎么变成白色的？”

“蚕宝宝怎么变成茧的？”

“它那么小，真怕弄疼他，应该怎么保护它不受伤害？”

鼓励小伙伴们互相交流各自的调查结果，进行经验的分享。

“蚕宝宝喜欢吃桑叶，如果没有桑叶，也能用莴苣叶、生菜叶代替。”

“蚕宝宝长大是需要蜕皮的，需要蜕四次皮才可以吐丝。”

“蚕宝宝不喜欢吃有水的桑叶，吃了会拉肚子死掉的。”

“蚕宝宝不喜欢晒太阳，不喜欢有味道的东西，比如说妈妈喷的香水、杀蚊子的药。”

3. 蚕宝宝入住我们班

通过调查后，孩子们学会了一些养蚕的小本领，蚕宝宝终于入住我们班。自由活动时间，孩子们都很喜欢去看蚕宝宝，但因为孩子们的拥挤和“过度喜爱”，一些蚕宝宝受伤了，所以我们将蚕宝宝分了好几个家方便大家分组观察，并制定了“养蚕公约”。

为了记录蚕宝宝每天的成长，孩子们还给蚕宝宝取了好听的名字，借助放大镜看一看、摸一摸进行观察并做好记录。

孩子们乐此不疲地发现了蚕宝宝的许多小秘密。

“蚕宝宝拉的臭臭越来越大了，但是味道一点也不臭。老师告诉我们蚕宝宝拉的臭臭还有一个好听的名字，叫作‘蚕沙’，可以做枕头用呢，也可以当作中药治疗很多病。”

“蚕宝宝把桑叶的洞吃得越来越大了。你看，被蚕宝宝吃过的桑叶好有趣哦。”

“蚕宝宝吃桑叶的速度越来越快了。”

“它的身上长出了很多花纹，小脚也变大了。”

“蚕宝宝好像从来不会尿尿耶，可能是因为它不喜欢喝水吧。”

我们的支持：通过提供适宜的探究工具，支持孩子们用自己的方式探究蚕宝宝的世界，体验到探究带来的乐趣，凸显幼儿的主体性。

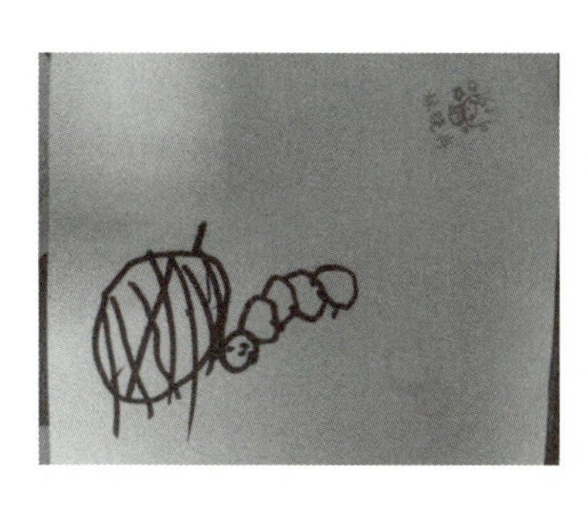
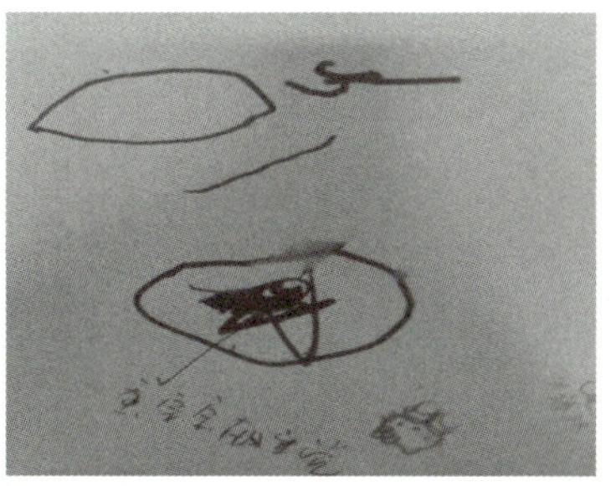
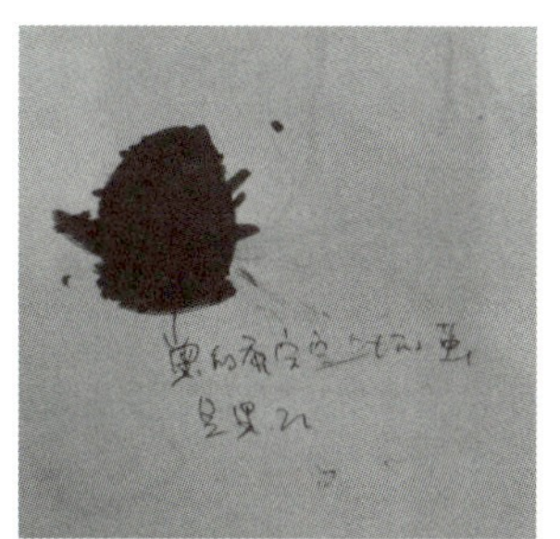

幼儿记录：观察到的蚕宝宝

为了激励孩子们主动探索学习，我们在图书区投放了关于蚕宝宝的书籍，孩子们看得津津有味，了解到了许多有趣的知识点。

4. 孩子们的新发现

某天姜来小朋友拿来了他的记录单，兴高采烈地向我们说出他的新发现："老师，我发现蚕宝宝有很多黑色的小点点。"

"这些是什么？"

"是蚕宝宝的屎。"

"不对，我们之前看到的屎不是这样的。"

我们的支持：开展集体活动"蚕的变化"，通过相关视频、图片讲解，大家了解了蚕卵和蚕卵变成蚁蚕的过程。

5. 蚕宝宝结茧啦！

幼儿在自然角的记录单上画着一团团黑色，于是我们又发现了新的奥秘。

"这只蚕宝宝好奇怪哦，爬到了角落里，一直仰着头，好像在看我们。"

"好像昨天放进去的桑叶都没有怎么吃了。"

"是不是它要吐丝了？我家的蚕宝宝最近也在吐丝，爸爸说蚕宝宝准备吐丝的时候不吃桑叶的。"

孩子们对蚕宝宝在蚕茧里做什么，会有什么变化，什么时候才会变成飞蛾感到什么好奇。于是，我们一起找来了资料，观看了蚕破茧而出变成飞蛾的视频。

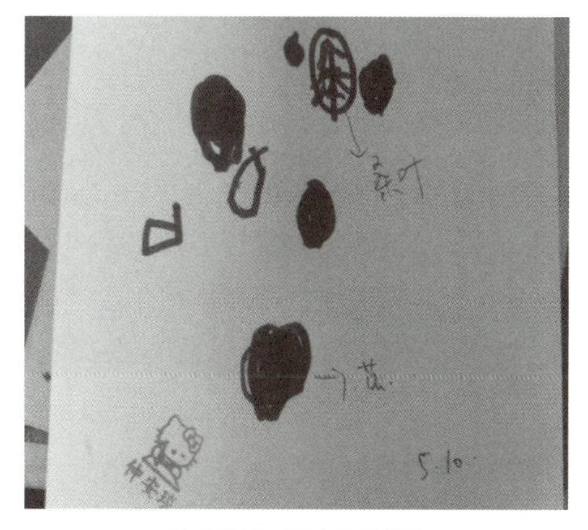

幼儿记录：蚕宝宝结茧了

幼儿观察：蚕宝宝的生长变化

我们的支持：播放视频（蚕宝宝成长记）

幼儿一起观看蚕宝宝吐丝、结茧、变成飞蛾、冲出结茧的过程，其中时时发出感叹、惊奇。于是对于蚕宝宝的关爱更多了。

孩子们对自己的蚕破茧而出充满了期待，每天都会瞅瞅蚕茧里什么时候会飞出一只可爱的小飞蛾！终于，第一只飞蛾成功地出来啦！

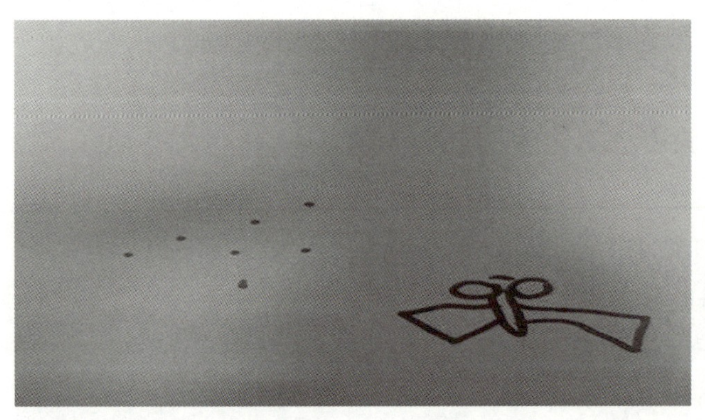

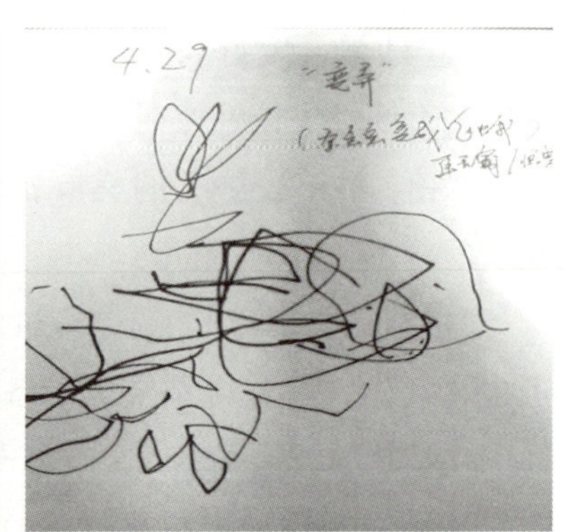

幼儿记录：蚕宝宝变飞蛾

环境生成课程，课程来源于生活。在养蚕的日子里，宝贝们虽然有些不熟练，有些笨手笨脚，时常会出现一些小意外，但是她们每天都会努力细心地照顾这些弱小的生命，给了蚕宝宝们一个温馨的家。在这个过程中，孩子们不仅仅感知了蚕宝宝的生长过程，感受到生命的奇妙，更重要的是获得了探究体验的机会，亲身感受到成功的喜悦！

三、活动反思

1. 幼儿的发展

在儿童记录实施的半个学期中，孩子们从无意识记录到有意识记录，从形式单一记录到多种形式记录，在教师的引领下逐渐在记录中感到快乐的同时，经验也逐步提升（表 1）。

表 1　幼儿经验获得

原有经验	教师支持	获得新的经验、能力的提升
蚕宝宝是白色的、软软的身体	1. 图画、拍照记录 2. 观察记录的对比	通过持续的观察、记录，直观感受蚕宝宝成长的变化
独自记录，视角单一	1. 以谈话活动、小组讨论等形式交流记录中的不同内容 2. 鼓励幼儿学习不同记录中的优点	1. 语言交往能力得到发展，自我表达意愿变强 2. 能主动发现观察到的变化，并用言语表达出来
记录随意，目的性不强	1. 行为支持：帮助幼儿进行经验的梳理 2. 言语支持：鼓励幼儿积极记录，并给予肯定 3. 情感支持：积极倾听幼儿表达，帮助每一位幼儿完善记录	1. 学会推理，敢于尝试 2. 有目的有计划地进行探究活动

2. 教师的角色定位

小班幼儿正处于直觉行动思维的阶段，他们对一切新鲜的事物充满好奇，但是经验储备不够充分，因此在儿童记录过程中，教师应该充当支持者、引导者、合作者，帮助幼儿将生活中的经验以各种形式表征方式记录出来（表 2）。

表 2　教师的角色定位

教师角色	活动中实例	说明
提供者	材料	提供了旧手机、笔、纸、小桌子，让幼儿将自己所见以图像的方式记录下来
	空间	提供空白分享板块，让幼儿进行记录分享
启发者	意见不统一 少数服从多数	当给蚕宝宝取名字时，利用投票方式进行决定
	发现蚁蚕与蚕屎的区别	从形状、大小、软硬让幼儿进行对比
支持者	言语鼓励	幼儿对自己绘画记录不自信时，教师言语鼓励
	经验共享	对每张儿童记录进行极大的肯定和鼓励，让幼儿获得经验，提升能力

儿童记录是表征的一种形式，是成人了解儿童内心世界的一把钥匙。通过不同形式的儿童记录，可以找到儿童的兴趣点、课程的生长点，从而帮助我们不断推进课程建设，促进每一个幼儿平等、适切地发展。

美工区："冰激凌店铺"的故事

苏州市民治路幼儿园

一、活动背景

美工区因为丰富的色彩、多样化的材料而深受幼儿喜欢。相较于美工区在低年龄段幼儿中的广受欢迎，数学区则因侧重规律、相对比较严谨的区域特点而使幼儿兴致平平。针对如上情况，教师以美工区域作为媒介，渗透数学区域内容，在小班年龄段进行区域整合的创新研究。

通过区域整合，教师关注到小班幼儿具体形象思维占主导的思维方式，以游戏化的有趣形式为依托，不仅能够增加幼儿自主选择区域的积极性和主动性，也能够帮助幼儿在获得美育教育的同时兼顾数理思维的发展。

二、活动实施

最近在班级内开展的主题教学活动"我爱夏天"深受孩子们的喜欢。在一次活动中，孩子们聊起了夏天的美食："我喜欢吃西瓜！""我喜欢吃桃子！""我最爱吃冰激凌！""我也喜欢！我喜欢吃草莓味的！""我喜欢吃芒果味的！"就这样，冰激凌作为最受欢迎的夏日美食，在小五班掀起了热烈的讨论。

（一）立足兴趣——美工区材料的迁移

班级内开展主题教学活动"甜甜冰激凌"后发现孩子们对冰激凌有着浓厚的兴趣。在美术活动中孩子们从平面的视角掌握了绘画冰激凌的方法，当一个个色彩鲜艳、漂漂亮亮的冰激凌跃然纸上时，孩子们来到老师的身边："我在家里还用黏土装饰过我画的冰激凌呢，我妹妹也很喜欢！如果能够在幼儿园也这么玩就太开心啦！"听到了孩子们的期待后，老师们立刻行动了起来，首先在美工区投放了超轻黏土。经过平面绘画作为基础打底，在黏土手工的过程中孩子们明显更得心应手了，他们熟练运用搓一搓、捏一捏、贴一贴的方法，巧妙地完成了各自别具巧思的超轻黏土贴画，美工区内也很快积累了孩子们的大量作品。

幼儿完成"冰激凌"收纳

幼儿"冰激凌"作品展示

我们的思考：广受欢迎的美工区生产出了大量的"冰激凌"，老师们一开始对这些作品进行了展示，但逐渐发现"冰激凌"的数量实在是太多了。那么，如何处理这些做好的"冰激凌"呢？是否能让这些精美的"冰激凌"真的流动起来，成为游戏的一部分呢？

（二）巧妙过渡——数学区经验的准备

如何处理"冰激凌工厂"越来越多的"冰激凌"呢？小朋友们想出了一个好办法——把隔壁的"美味大排档"改成"冰激凌店铺"，大家一起来卖"冰激凌"！

然而小朋友们在售卖"冰激凌"的过程中又遇到了一些问题：

"我想吃多一点的冰激凌，可是你们这里没有。"

"我想吃三个球的！"

"我想吃四个球的！"

美工区的冰激凌"小厨师"为了满足客人的需求，开始重新制作指定数量的冰激凌球，却总是不能让所有小客人们满意。有的多了，有的少了，有的"小厨师"完全忽视了客人的要求。小顾客们也总是会抱怨："小厨师，你又少给我啦！""小厨师，你的工作要认真一点哎！"基于此，我们似乎要培养孩子们的数学能力了。

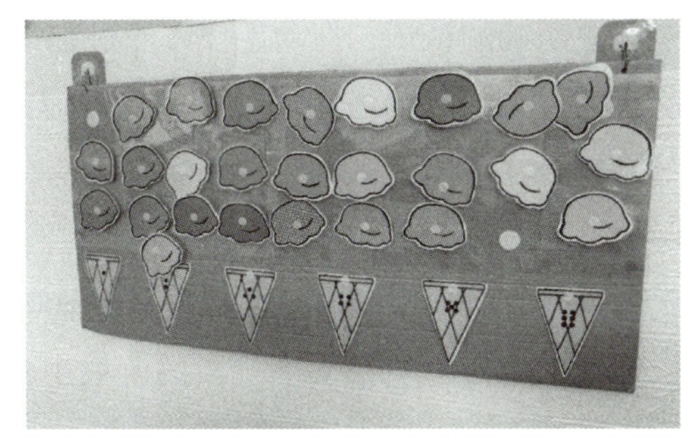

数学区墙面游戏"冰激凌叠叠乐"

我们的思考：当数字进入冰激凌的故事时，教师们迅速抓住了促进孩子们发展的机会，在数学区投入一面冰激凌墙，在这里，孩子们可以锻炼按数取物的能力。根据点的数量，孩子们可以在"冰激凌甜筒"上粘贴相应数量的"冰激凌球"。

为了能让更多孩子在数学区域进行充足的知识储备，教师们在区域内投放了色彩鲜艳的卡通冰激凌球，并且将数学区布置成为冰激凌"实习店铺"，告诉孩子们，想去冰激凌店里正式上班，先要来"实习店铺"进行培训。

"我的姐姐也在实习，老板说要表现好才可以有工作！"

"咦，这么高级！我要去实习！"

"我也要去实习！"

这种"先培训后上岗"的方式获得了小朋友们的认可。幼儿在"实习店铺"内的操作让我们发现，一方面小班幼儿的能力具有明显的个体差异性，另一方面，点数配对的操作任务客观上是幼儿数学学习的难点，一些有目的的实操训练能帮助幼儿达到成熟掌握的目标。因此，将点数配对的操作材料投放入区域内就显得特别有必要。

另外，教师在数学区域中发现，小班幼儿在动手操作时还没有完成"去自我中心化"，也更容易显示出偏向独立操作的特点。针对这种特点，教师将"冰激凌球"用塑封纸加厚，并且贴上字母贴，让材料具有明显可反复操作的特点，也能满足不同能力的幼儿的需求。

（三）贯通融合——区域游戏的收获

"冰激凌店铺"营业中

孩子们通过在"实习店铺"的锻炼，对于如何正确满足"小客人"对"冰激凌"的要求已经很熟练了。

"我们现在都是优秀的冰激凌店员！"

"是哒！我可从来没有发错冰激凌球哦！"

"我的冰激凌球数得又快又好！"

孩子们对于点数配对有了更深入的了

解和更明确的认识，在动手操作的过程中点数能力、手眼协调能力也有了很大的提升。教师通过创设“冰激凌店铺”这个有趣的游戏环境，将原本抽象、枯燥的数学知识巧妙地融合在环境中，让数学也变得生动有趣起来，引导幼儿在游戏扮演中，玩在其中，学在其中，乐在其中。“实习店铺”的经验准备、“冰激凌店铺”的知识运用，都是让幼儿在具体的游戏情境中学习与运用数学知识，从而真正理解数学概念。

我们的思考：在下一阶段的游戏中，我们打算进一步深化游戏，将游戏的难度进行一定的升级：在点数配对的基础上，再加上按规律叠一叠的要求。例如，四个冰激凌，按照白—红—白—红的顺序，幼儿能够准确实现两个要求的操作。

（四）精进提升——区域难点的突破

小五班的“冰激凌店铺”要继续升级，成为孩子们最喜欢的“汪汪队冰激凌店”。

“我喜欢毛毛冰激凌！是牛奶味和草莓味的！”

“我想这两个味道都吃得到！”

“牛奶和草莓的味道可以怎样排列呢？”

“一个牛奶球，一个草莓球！”

“那就让我们试试吧！”

基于幼儿目前游戏发展水平，在熟练掌握点数配对以后，需要引导孩子们对规律、排列有一定的体验和感受。教师通过“冰激凌店铺”升级的游戏情景，将原本做固定个数冰激凌球的游戏规则改为按照规律排列冰激凌球。这个游戏显然是基于前期支架的提升游戏，并且对幼儿逻辑能力、数学概念有了更高的要求。有难度的游戏不是强行要求每一个幼儿都参与，而是教师针对那些渴望进一步提升数理能力的幼儿的一次游戏体验，也是大班教学活动下因材施教的一种尝试探究。

我们的思考：通过教师提供的支架，孩子们的按数取物、按规律排列的能力一天天进步，在这个夏天最热的时候，我们的“冰激凌工坊”就能够成为最受欢迎的冰激凌店铺啦！让我们一起期待这一天的到来吧！

三、活动反思

生活是区域活动的素材来源。区域游戏的开展离不开前期精心的设计、材料的充分准备、环境的创设优化，在此基础上选择一个有趣的区域内容，作为一个有意思的切入口，将孩子和教师更好地连接在一起，在区域中碰撞出更多的思维火花，师幼共同得到发展。在本次的课程故事中，教师顺应春末夏初的季节特征，敏锐地捕捉到了孩子们喜欢的冰激凌，将冰激凌作为目标区域素材，有趣又好玩，贴合了孩子们的兴趣需求，充分调动了幼儿进入游戏区域的主观能动性。

生活帮助幼儿积累区域游戏经验。从最初的游戏活动画一画平面冰激凌，到美工区的制作黏土冰激凌，最后到数学区制作规律排列的冰激凌球，其实都是以孩子们在生活中买冰激凌、吃冰激凌、制作冰激凌的经验作为基础的。由此可见，开展契合孩子们兴趣的游戏活动是优秀区域活动的敲门砖，孩子们能够积极参与游戏活动的基础是熟悉的游戏场景、生活中有意思的经验。教师在生活中要做一个有心人，处处留意，关注孩子，关心生活。

区域的整合带来游戏的新意。在这一次的区域活动中，教师巧妙地打破了区域划分的边界，将原本注重美育的美工区和原本注重数理逻辑的数学区进行了整合，使得原本单一的区域变得多元化。

关注游戏过程，提升游戏水平。在本次游戏的过程中，教师看似隐形，实则默默关注每一个环节。特别是当孩子遇到困难时，教师会引导孩子们探究问题究竟是什么，和孩子们一起商量具体应该如何解决这个问题，并立足于孩子们已有的认知水平进行适当的拔高和延伸，真正做到因材施教。

美工区：“瓶”“盖”总动员

苏州市吴中区胥口实验幼儿园

一、活动背景

瓶子和盖子给人们的生活带来了极大的便利，但随便丢弃这些物品又造成了环境的污染。通常喝完饮料，大家是不是就将瓶子随手一扔，很少再关心它后面的命运了呢？那么用完的瓶子只能被丢掉了吗？在一次区域游戏中，几个小朋友将放在活动区饮料瓶的瓶盖取下来，在桌上摆来摆去，引来许多小朋友的围观，还听见有人说：“我家也有好多瓶子和盖子，明天我也带来玩……”瓶子和盖子大小不一、质地不一，没想到孩子们对那些废弃的瓶瓶盖盖这么感兴趣，对玩瓶瓶盖盖情有独钟。因此，我们从孩子们的兴趣出发，挖掘瓶子和盖子的秘密，围绕“瓶”“盖”这一主题开展了一系列的美工活动。

二、活动实施

我们要开始和瓶子做游戏了，先来听一个《记忆的瓶子》故事吧！

孩子们在这个故事中了解到各式各样的瓶子，知道戴尔先生记载回忆的方式是多么特别，每一个瓶子都有一个动人的故事，每一个瓶子都装着一个最特别的记忆：白色的是想念，蓝色的是依恋，高高的是欢呼，圆圆的是牵挂，弯弯曲曲的是心底里快乐的歌……

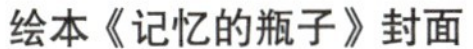
绘本《记忆的瓶子》封面

幼儿聆听绘本内容

（一）"瓶""盖"秘密知多少

通过和孩子们共同讨论，我们提出了三个任务：一是找一找生活中都有哪些瓶子、盖子；二是说一说不同的瓶子和盖子都有哪些用处；三是想一想瓶子和盖子都有哪些创意玩法。于是我们共同设计了一张《"瓶""盖"总动员》调查表。

孩子们带着问题化身小小"侦探员"，和爸爸、妈妈一起开始探索之旅，并请爸爸、妈妈用图文结合的方式帮助孩子将找到的答案记录在调查表中，孩子们和同伴一起分享自己的收获和发现。在分享中，孩子们认识了生活中许许多多的瓶子和盖子，了解了它们的用处。

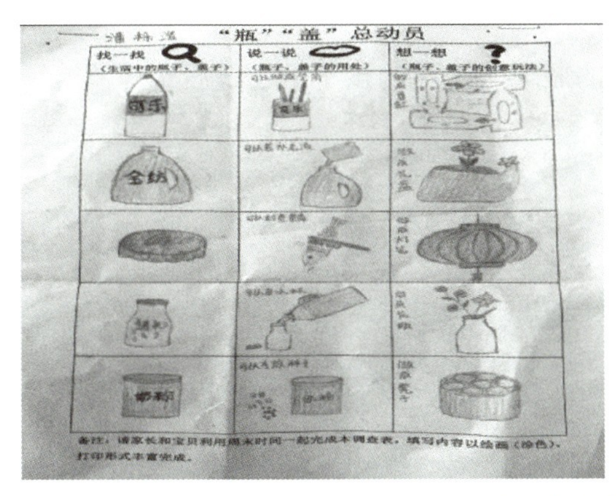
"瓶""盖"总动员

找一找（生活中的瓶子、盖子）	说一说（瓶子、盖子的用处）	想一想（瓶子、盖子的创意玩法）

备注：请家长和宝贝利用周末时间一起完成本调查表，填写内容以绘画（涂色）、打印形式丰富完成。

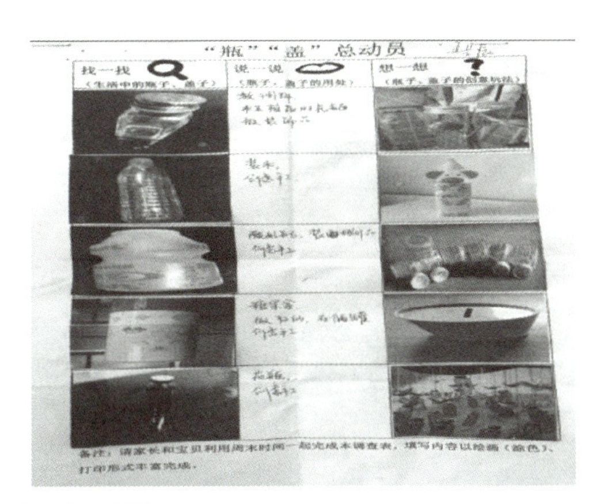
"瓶""盖"总动员

找一找（生活中的瓶子、盖子）	说一说（瓶子、盖子的用处）	想一想（瓶子、盖子的创意玩法）

备注：请家长和宝贝利用周末时间一起完成本调查表，填写内容以绘画（涂色）、打印形式丰富完成。

《"瓶""盖"总动员》调查表

我们的思考：《指南》中指出，幼儿科学学习的核心是激发探究兴趣，体验探究过程，发展初步的探究能力。成人要善于发现和保护幼儿的好奇心，充分利用自然和实际生活机会，引导幼儿通过观察、比较、操作、实验等方法，发现问题、分析问题和解决问题；帮助幼儿不断积累经验，并运用于新的学习活动，形成受益终身的学习态度和能力。《"瓶""盖"总动员》调查表里的内容和设计都源自孩子们的想法，教师在这次活动中只起到了辅助的作用，只是简单将孩子们想要了解和知道的一些问题进行了归纳和总结，并将这些内容整理到了表格中，方便孩子们和家长记录。只有充分发挥幼儿的主体性，让他们自己发现问题，他们才会去认真地分析和解决问题，从而掌握相关的知识，积累相关的经验。

（二）瓶瓶盖盖展览会

“‘瓶’‘盖’课程”系列活动继续着，孩子们一听说我们要用瓶子进行一场大作战，立马带着爸爸、妈妈一起收集各种各样的瓶子。孩子们带来了厨房里的调味玻璃瓶，妈妈漂亮的化妆品瓶和洗涤类瓶，还有可爱的饮料瓶。来看看我们收集的成果吧。

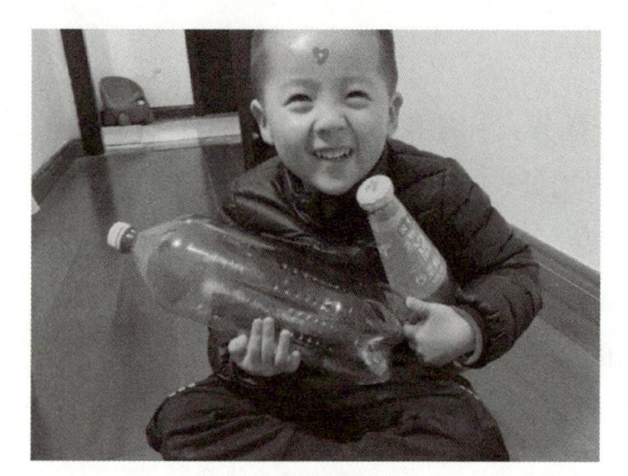

幼儿在家收集瓶子

幼儿收集到的瓶子

孩子们不仅收集到大大小小，种类丰富的瓶子，认真的孩子们还将瓶子都清洗干净了呢！

幼儿认真清洗瓶子

接着我们班举办了一个小小的“瓶瓶盖盖展览会”，让孩子们说说自己带来的是什么瓶子，瓶子是用什么材料做成的，这些瓶子是用来干什么的，自己最喜欢什么样的瓶子。大家你一言我一语，展开了激烈的介绍和讨论。孩子们围着一大桌子的瓶子，脸上露出了丰富多样的表情：惊讶、开心、兴奋……面对这么多各式各样的瓶子，我们开展了玩一玩、分一分瓶子的活动。活动开始，请孩子们挑选一个自己最喜欢的瓶子玩一玩，孩子们有的拿着玻璃瓶看着，有的拿着饮料瓶看着上面的图案，有的打开瓶盖，闻一闻什么味道。在活动中，我们经过讨论，将这些瓶子分了类，分别是塑料瓶、玻璃瓶和易拉罐。

我们的思考：《指南》中指出，幼儿的语言能力是在交流和运用的过程中发展起来的。应为幼儿创设自由、宽松的语言交往环境，鼓励和支持幼儿与成人、同伴交流，让幼儿想说、敢说、喜欢说，并能得到积极回应。"瓶瓶盖盖展览会"给孩子们提供了一个相对轻松的环境和氛围。此外，在请孩子们介绍自己带来的瓶瓶盖盖时，由于他们对自己带来的东西比较了解，因此也就能有更多的内容与同伴们交流分享。在这样的环境中，孩子们纷纷举手表示想进行介绍，真正做到想说、敢说、喜欢说，且在说的过程中了解了不同种类的瓶子，积累了将瓶子分类的经验。

（三）瓶瓶盖盖变奏曲

1."瓶""盖"拓印变变变

随着课程的展开，孩子们对瓶瓶盖盖的兴趣也越来越浓厚了，和瓶盖之间的游戏也越来越丰富了。瓶盖滚一滚、盖一盖，一个一个瓶盖排好队，猜猜会变出什么来？带着这个疑问，我们找来了一些颜料和长卷画纸。

瓶瓶盖盖滚一滚，草地滚出来啦！

梓涵："草地是绿色的，我要用瓶子滚出一大片草地！"

雨晗："你的是深绿的草地，我要变出小草的嫩芽，浅浅的小草！"

花开枝满芽：只要我们轻轻蘸上一点颜料，在纸上一压，哇，漂亮的花儿出现了！瓶底、瓶盖印一印，再添画上花叶，一朵朵小花盛开啦！

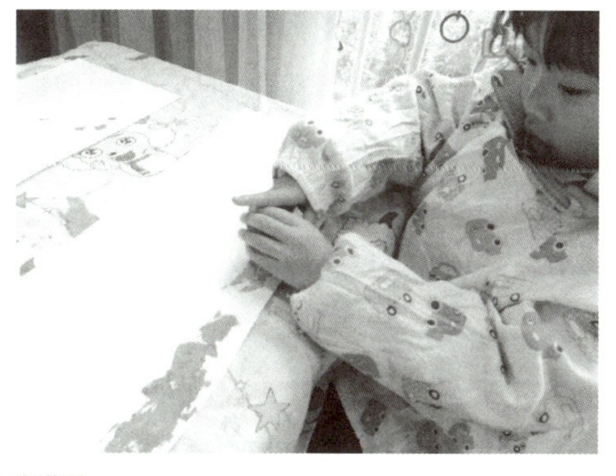

幼儿用瓶盖"滚"出草地

枝头结满果：活动时正值“秋叶飘”这个主题，农民伯伯收获了很多果实，我们小朋友也不甘示弱！瞧！蘸一蘸，按一按，枝头的果子结满啦！

幼儿用瓶盖印小花

幼儿用瓶盖按出果实

丰收的果实创作大集合

我们的思考：《指南》中指出，每个幼儿心里都有一颗美的种子。幼儿艺术领域学习的关键在于充分创造条件和机会，在大自然和社会文化生活中萌发幼儿对美的感受和体验，丰富其想象力和创造力，引导幼儿学会用心灵去感受和发现美，用自己的方式去表现和创造美。在这一活动中，孩子们充分发挥自己的想象力，通过拓印和添画的方式，制作出了一幅幅优美的画。孩子们的作品不仅仅是一幅画，更是他们内心世界的反映。当长卷作品完成时，他们的内心是很高兴、很自豪的。

2.“瓶”“盖”亲子大创作

孩子的成长离不开家长的陪伴，一次亲子活动正好拉近了彼此的距离，爸爸、妈妈带着孩子收集材料，构思、创作作品，展示最后的成品，每一个阶段都是成长的过程，无论是家长还是孩子都是收获满满。瞧，一幅幅生动的作品就呈现啦！

亲子创作

作品《小鱼水中游》

作品《彩色葡萄》

家长和孩子们还能用洗衣液瓶雕刻出各种各样的造型。一个个塑料瓶在孩子们灵巧的手中变成了能够装上小植物的魔法瓶。看看，我们的植物角也来了一次大变身。

瓶子雕刻作品

我们的思考：《纲要》中指出，家庭是幼儿园重要的合作伙伴，应本着尊重、平等、合作的原则，争取家长的理解、支持和主动参与，并积极支持、帮助家长提高教育能力。有了家长的配合，孩子们的参与度和积极性也提高了，从幼儿的作品中发现孩子的不足之处，一起完成的亲子作品更是让我们的教室锦上添花。让家长参与到我们的活动中来，会有效地促进家园的互动。此次亲子创造活动，不仅促进了家园的互动，而且也促使孩子们的不断进步。孩子们是在与环境的互动中不断成长、变化的。

三、活动反思

课程活动的开启——聆听童声，从"活动中让幼儿学什么"到"活动中幼儿想要什么"。活动开始前我们走近幼儿，调查幼儿想要怎么玩瓶和盖，聆听童声，找到幼儿感兴趣的内容，为"'瓶''盖'总动员"活动的有效开展提供了依据。

课程活动的架构——链接经验，从解读活动核心经验到基于幼儿已有经验的再分析。本次活动我们探讨的是废旧材料的再利用，在活动中我们看到了孩子们非凡的创造力，在和孩子们一起探讨废旧材料的改造的过程中，我们发现了孩子们无限的可能，以及我们作为成人和孩子们在思维模式上的差距。陈鹤琴老先生说过，教师的设计始终要以幼儿为核心，所设计的活动本身，要充足给予幼儿放手操作的机会，因此所寻找的玩具一定是“活”的，是能有多重针对性，并且源于幼儿鲜活的生活实际的，是具有相当趣味性的。

课程活动的实施——关注过程，从关注教师的“教”到支持幼儿的“学”。在活动实施过程中，我们首先结合幼儿的自身能力和兴趣，让幼儿自由创作，在创作中幼儿发现原来瓶盖除了印一印，还可以通过按一按、滚一滚、贴一贴及添画的方式来创作出一幅幅美丽的作品。幼儿创作的过程就是主动学习、获得经验的过程。其次，家长的支持拓展了课程资源，丰富了幼儿的体验，由于小班幼儿自身能力有限，有了家长的配合与帮助，孩子们学习了更多创作的方式，积极性也提高了。

由于这次小班的课程活动主要以美工区为主，到了下学期，我们可以提供更多材料组织幼儿开展更多的活动。只要教师始终将幼儿放在首位，将幼儿的发展作为目标，给予适时的引导，相信孩子们会获得更多的发展。

中班篇

户外沙水区：水到渠成

张家港市锦丰中心幼儿园

一、活动背景

新学期伊始，孩子们一下子就发现了校园的新变化——新建了两个沙池区。一整个上午孩子们都离不开沙池。趁着饭后闲暇时光，孩子们排着队准备去沙池一探究竟。

“快来看呀，这个沙池上面还有个滑滑梯呢，滑下来一定很有趣！”

“这个沙子摸上去有点硬，跟我去海边玩的沙子不太一样。”

“我发现沙池里有块大石头，或许里面还会有什么宝藏呢！”

孩子们依依不舍地回到班级，但关于沙池的讨论并没有停止。借着孩子们这股强烈的兴趣，教师思考如何借用沙子主题的绘本来支持孩子们的探索，丰富孩子们的经验，当绘本《奇妙的沙子》进入语言区里后，孩子们纷纷踏入了沙子的奇妙世界。

《奇妙的沙子》很大篇幅在讲述沙子的作用，不过在文章前面也提到了沙子的形成，即风化作用：巨大的岩石经过风吹、日晒、雨淋，不断剥离，变得越来越小，最后就变成了细小的沙子。

儿童文学最大的特征便是富有儿童情趣，内容洋溢着浓郁的谐趣和欢愉之美，也是幼儿园重要的教育资源之一。阅读特色研究是张家港市锦丰中心幼儿园的园本特色，幼儿园立足“大阅读观”，一直坚持“多元阅读，特色发展”的教育理念。孩子们跟随书中细腻的情节展开丰富的想象，对沙子的兴趣再次加深，于是一次与沙的交往之旅就此开启。

二、活动实施

一颗沙里有一座世界，一瓢水里有一座天堂。大自然中的沙与水能给幼儿带来非凡的感官体验，沙与水蕴含着无限的创造空间与想象魅力，作为游戏材料具有易变化、易造型的特点，能吸引孩子们在游戏中探索与发现。

（一）绘本支撑，玩转区域

《指南》中指出，幼儿科学学习的核心是激发探索欲望，培养探索能力。沙子的玩法其实是丰富多样且灵活多变的，绘本中提到沙子是有多种类型的，我们通过家园共育的方式，前期收集了许多沙子。瞧，美工区的材料遇到沙子发生了什么事情？语言区的小沙漏里面是什么沙子？我们能不能也制作一个呢？

在区域游戏中，孩子们尝试将沙子与不同辅助材料相结合，欣喜之余，发现了沙子的可塑性和变幻无穷的特点，从而感受到自我创作的快乐与成就感。

染沙

沙画展示

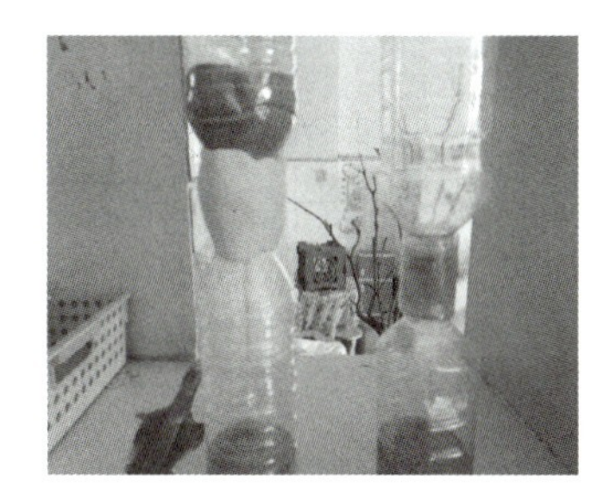

自制沙漏

（二）经验叠加，畅享户外

室内外游戏的融合为孩子们打开了新世界的大门，户外的沙池深深吸引着他们。室内玩法的有效经验迁移到户外又会发生哪些有趣的故事呢？游戏一开始，孩子们便利用简单的挖沙工具进行纯粹的寻宝游戏，接着他们有了新的想法。

“我要搭一个沙堡。”

“我要做一座火山。”

“你们看，那边有水龙头，我们可以挖条河呀！”

活动1：挖建“河道”

1.“挖河”行动

我们班的挖河小分队开始行动啦！他们先拿着铲子随意开辟了一个口子，接着便从中间往外铲，然后再拿铲子把周边的沙子拍拍打打，一段时间过后，一条窄沟形成了。

幼 A：“老师快看！我们的小河完成啦！”

幼 B：“有点短吧，小河是很长的。”

师：“我也觉得有点短，生活中看见的小河都比较长，而且里面是有水的。”

幼 C：“他们总是把旁边的沙子踩下来。”

师：“那你们有什么好办法呢？”

幼 A：“我们要小心地看着脚下来铲沙子。”

幼 B：“我们要分开来铲，一人站一边，不要挤到一起。”

合作从中间挖

短而窄的沟

2. 发现沙渗水

孩子们讨论并调整后，这次的速度和效率明显有所提升，小河已初步成形。这次，孩子们准备给小河加水。他们拿着沙桶去接水，来来回回跑了很多次，可是孩子们发现，水一倒进沙子里，就被沙子吸走了。

幼 A：“我太累了，每次倒进去的水一下子就没了。”

到了游戏点评环节，孩子们提出了在游戏过程中遇到的问题，于是我们围绕沙池蓄水问题展开了大讨论。

将小河加宽挖深并加水

发现渗水现象

集体讨论 1：怎样把水留在小河里?

“用袋子把沙子堵住?”

“游泳池里可以蓄水，试试瓷砖?”

“我想可以试一试铁皮。”

“木头行不行?”

3. 河道蓄水

因为材料的限制，我们和孩子们商量后首选班级内现有的积木块进行尝试，在尝试的过程中，孩子们有了新发现：水会从木块拼接的缝里溜走。

拼接积木块

用积木搭建好的河道

师：“我们自然角的小金鱼是怎么带过来的呀?”孩子们异口同声回答：“塑料袋。”

孩子们利用新材料塑料袋进行了第二次尝试，可是新问题再次出现：塑料袋总是会飘起来，怎么办呢？

集体讨论 2：如何固定住塑料袋?

幼 A：“我们用手压住，但是塑料袋太长，一个人压不过来。”

幼 B：“那我们可以用带过来的木块压住。”

幼 C：“我试了一下，木块会掉下去。”

师：“大家看看，我们的小河两边有什么问题?”

幼 A：“我发现了：一边高一边低。”

幼 B：“木块太短了。”

调整：

（1）将两边的沙堤铲得一样高，平坦些。

（2）将短木块换成长木块。

（3）共同合作，有序完成。

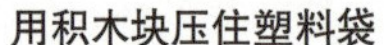
用积木块压住塑料袋

完成渠道

幼儿的经验与学习：《指南》中指出，幼儿的学习是以直接经验为基础，在游戏和日常生活中进行的。孩子们对沙与水的好奇心很足，在挖河的过程中，孩子们首先经历从独立游戏到合作游戏，体验合作带来的成就感。其次，孩子们能够在遇到问题后，积极思考防水材料，在这个过程中，孩子们发现问题与解决问题的能力得到了一定的提升，同时也丰富了关于小河的相关知识，例如如何加固河堤等。

我们的思考：《指南》中指出，要珍视游戏和生活的独特价值，创设丰富的教育环境，合理安排一日生活。在游戏过程中出现问题时，我们可以通过小组讨论、集体讨论的形式展开头脑风暴。集体的力量是强大的，所以得到的解决方法往往也是丰富的。在集体讨论时，我们可以提出一些开放性甚至是挑战性的问题，在发散孩子们思维的同时培养孩子们的倾听和理解能力。

活动2：拼搭水管

1. 给小河灌水

绘本插图

在前几次给小河灌水的过程中，孩子们有拿沙桶的，有拿奶粉罐的。于是孩子们提出：搬来搬去太累了，有没有什么便利的方法呢？由于孩子们缺乏相关的生活经验，教师通过绘本的方式引导孩子发现引水材料：PVC管。

前期我们收集了完整和对半PVC管若干。在第一次拼接过程中，孩子们一开始会出现你争我抢的行为，后来他们开始分工合作，各司其职，可是发现：水却引不到小河里。

2. 解决水管漏水问题

拼接的水管总是漏水。怎么办呢？大家又开始了集体讨论。

集体讨论 3：如何解决水管漏水的问题?

幼 A：“水管是不是有坏的?”

幼 B：“我看到两个管子间有缝缝。”

怎么解决呢?

幼 A：“我用手捂住，但是水管分开了。”

幼 B：“用胶带粘住。”

幼 C：“将两根管子紧靠在一起。”

孩子们在第二次尝试过程中发现，只要把水管紧叠在一起就不会漏水出来。

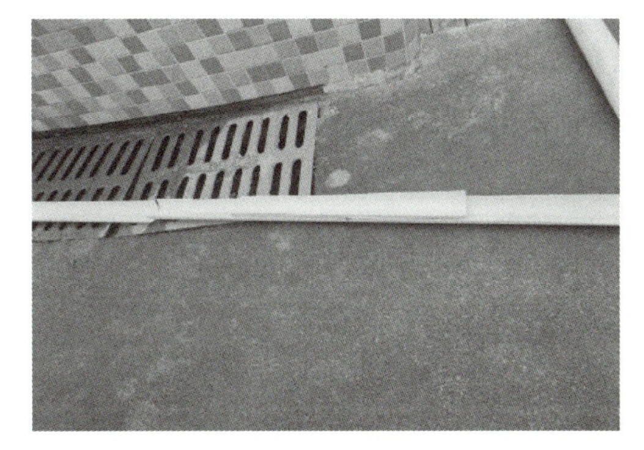

水管间有缝隙

3. 解决水流不畅通问题

集体讨论 4：为什么水流着流着就不流了呢?

幼 A：“地面高，木块附近是矮的，水流不过去了。”

幼 B：“我还没搭好，其他小朋友就已经开水龙头了。”

怎么解决呢?

幼 A：“我们换那个有转弯口的水管就可以了。”

幼 B：“我们可以拿木块把矮的水管垫垫高。”

最后，孩子们先用完整的水管再拼接对半的水管就可以引水成功啦!

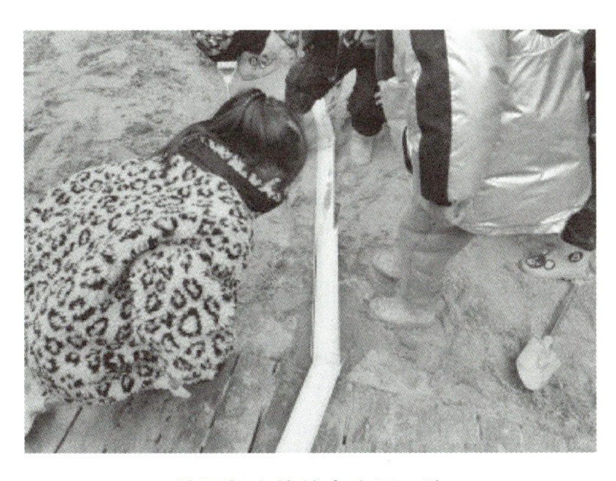

地面与木块的高度不一致

垫高

幼儿的经验与学习：幼儿在搭建水管的过程中，已经开始运用已有的数学经验，通过目测、比较的方法来确定水管的选择与位置，感受到水从高处往低流的特点。孩子们的探究意识在不断增强，通过实践和调整再次验证自己的猜测，从而收获一定的科学知识。

我们的思考：《指南》科学领域提出，支持和鼓励幼儿在探究的过程中积极动手脑寻找答案或解决问题。发现问题是基础，解决问题是关键，因此，我们在实际搭建过程中无论出现哪种情况，都让孩子们自己去发现去思考，在漏水的问题上，孩子们的重点放在两根管子间的上下摆放和对齐连接上，通过不断观察、尝试、探索，他们发现了两根管子间连接的秘密，通过交流与绘画总结了自己的发现。

沙与水的游戏还在继续……

幼 A：“老师，河挖好了，那有没有桥呢？”

孩子们选择用建构区的木块继续搭建，但是桥倾斜，而且搭不牢。

幼 B：“快看，雪花片放在水里像不像小鱼？”

师：“可以有小船呀，还可以有各种水生动物、植物呀，我们都可以试一试。”

幼 C：“我还想从这边再开通一条小河，可以通往更多的地方。”

尝试搭桥

雪花片像小鱼

河流分支

三、活动反思

本次活动中，一次偶发的教育契机在绘本的牵引下生根发芽。虞永平教授说过：“亲近自然是儿童天性的自然表露，也是儿童发展的重要推动力量。”沙子对于孩子们来说，是普通却充满奇趣的自然事物，孩子们在与沙、水游戏的过程中学习且收获着，教师也有不小的收获。

其一，发散幼儿思维，构建科学知识体系。在整个游戏过程中，应积极肯定幼儿的想法与猜测，并在适宜条件下提出有效问题，激发幼儿进一步思考，培养“发现问题—分析问题—解决问题”思维习惯。进而，幼儿能在自我尝试中推进科学探索活动，在实践中掌握一定的科学小知识。

其二，有效支持游戏，探寻多样化方法。在游戏过程中，教师利用了绘本资源、网络资源、园内资源等多种形式来支持幼儿游戏，并给予幼儿一定的讨论空间，一直充当着支持者和引导者；每个幼儿都有自己的想法，教师鼓励他们主动探索，合作协商。

其三，融合室内游戏，促进连续性学习。绘本主题之下，将室内外游戏打通，孩子们对沙有了更加深入的了解与认识，体验了多种沙的创新玩法，让学习经验不断层。在探索的过程中，孩子们对沙等自然事物的兴趣浓度再次提升。

户外沙水区：邂逅沙堡

江苏省新苏师范学校附属小学附设幼儿园

一、活动背景

沙水游戏是幼儿园中最常见的游戏之一，是幼儿借助一定的工具和材料，对沙和水进行自主操作和探索的游戏活动。沙水游戏包括玩沙、玩水、沙水结合的一系列相关游戏，具有很强的趣味性和探索性，深受不同年龄段的幼儿喜爱。在炎热的夏天，在园本课程“顽皮一夏”中孩子们感受了夏天的特点和避暑的办法等，同时萌生了去海边畅玩的想法，比如玩沙子、捡贝壳、戏水，还可以用沙子搭建城堡。结合幼儿园的硬件环境和孩子们这一心愿，我们生成了微课程内容——“邂逅沙堡”，活动中孩子们通过畅享海滩设计沙堡，画出自己喜欢的沙堡造型，体验建造沙堡、查阅资料、再次搭建，活动过程中有合作，有分享，有发现，有思考，有猜测，有总结，最终成功搭建出了喜爱的沙堡，体验到了成功的喜悦。

二、活动实施

此次活动是跟随孩子们的兴趣生成的微课程，孩子们在尝试搭建沙堡的游戏中通过各种感官体验、感知沙水世界的奇妙变化，幼儿非常热衷于遵循自己的直观感觉去探索沙水的秘密。我们从园本课程内容出发，以兴趣为导向，帮助幼儿在尝试—失败—总结—再尝试中成功搭建出沙堡。

（一）从幼儿兴趣出发——设计沙堡

结合“邂逅沙堡”的微课程内容，我们班级开展了很多有趣的活动。孩子们想要搭建沙堡，可是他们想要搭建出怎样的沙堡呢？怎样的建筑才称得上是“堡”呢？于是我们设计了美术活动——“我设计的沙堡”。孩子们先欣赏了艺术家们在海边建造的各种造型的沙雕作品，然后用画笔画出了一个个自己心目中独一无二的沙堡。这些活动不断引发孩子们关于沙滩、沙堡的话题。

欣赏沙堡

幼儿设计的沙堡

我们的思考：苏州并不是沿海城市，附近也没有沙滩。听着孩子们的小愿望，看着孩子们的城堡图画，结合幼儿园的资源，有什么办法能完成孩子们的小心愿呢？有了！我们幼儿园有沙池，也许可以利用起来！

（二）从幼儿的实践出发——城墙初探

我们的思考：选定了搭建沙堡的场地，我们又应该如何实施呢？需要准备些什么？

我们的指导：和孩子们一起回忆玩沙的场景并进行经验迁移和分享，同学们说说需要哪些物品，重点引导玩沙工具和生活物品。

镜头1：谈话活动“玩沙准备”

孩子们结合自己以往的玩沙经验，提出要用到小推车、铲子、小勺子、小桶和各种模具等，因为户外天气炎热，蚊虫较多，孩子们还说要戴遮阳帽和花露水。加上沙子比较细，孩子们又都穿了凉鞋，沙子很容易就跑到鞋子里去，穿着很不舒服，于是孩子们还相互提醒说一定要穿上雨鞋。

镜头2：动手活动“初建城墙”

孩子们带上工具和设计图，来到户外沙地就开工了。孩子们有的用手抓，有的用铲子铲，把沙子运到城墙模具里。小凯第一个把模具里装满了沙子，迫不及待地扣在地上，把模具拿起来一看，城墙塌了。边上的萌萌和小雪见状用力将自己模具里的沙子按按紧，小心翼翼地扣在地上，再轻轻地拿起模具，可是还是塌了。小雪嘀咕着：“这个沙子松松散散的，一碰就散了。”

小凯取模具

萌萌、小雪用力压实沙子

我们的思考：孩子们做好了沙堡搭建前的准备，可是经过一次次的尝试，在第一轮的实践中都没有成功搭建出沙堡的城墙。我们可以如何促进孩子们进一步的探索呢？

我们的指导：还记得沙雕设计师他们是怎么用沙子建造出这么多好看的沙堡的吗？为什么他们的作品没有倒塌呢？组织孩子们讨论失败的原因。

翊翊："可能我们力气太小了。"

瀚瀚："可能因为这不是海边的沙子吧。"

彬彬："海边有海浪，我们这里没有。"

紫子："我和菁菁发现书上的城堡颜色是深色的，沙子好像是湿湿的。"

娜娜和子言说："我们倒点水进去不就湿了吗！"

经过一番讨论，孩子们还请老师帮忙在电脑上和阅览室去查资料，想要找到答案。

最终孩子们知道可以在沙子里放水或白胶来增加黏性。可是我们幼儿园里没有这么多的白胶，于是孩子们决定先用水来试试。

上网查找资料

在阅览室里找相关图书

（三）从幼儿的经验出发——探究沙水配比

镜头3：动手活动"运水入沙"

孩子们听说要运水，第一个想到的就是沙池边上的水池，还有涂鸦区的水龙头，都可以来提供水。他们在饭后散步的时候来了一次运水前的地形勘测活动，但是看到沙地边上水池里面的水被物业叔叔放掉了，水池里一点水也没有。于是他们决定从涂鸦区的水龙头运水。

孩子们找来了各种各样的运水工具，有沙水区的竹水桶、涂鸦区的小水桶、回收区的矿泉水桶，另外的孩子们挖好了大大小小的沙坑开始盛水。可当孩子们把水倒进挖好的沙坑里时却惊奇地发现："水不见了！"

紫紫："我们运的水太少了，我们再去运一些吧。"

瀚瀚："水去哪里了？"

萌萌："我们运水太慢了，要是边上的水池有水就好了。"

运水

水不见了

于是孩子们去找物业叔叔帮忙，物业叔叔拿来了浇花的长水管。

水枪的力气太大，水和沙子溅得到处都是，小朋友们都躲得老远。

借水管取水

我们的思考：孩子们勇于尝试各种运水方法，有的距离太远，有的水压太大。什么方法便于幼儿操作呢？

我们的指导：引导孩子们想想就近取水的办法。孩子们找物业叔叔帮忙，请物业叔叔把边上的水池放多点水，这样就方便大家取水了。

镜头 4：“就近取水”

有了近的水源，孩子们就提着小桶拿着小勺从边上的水池里往沙池里运水，一桶又一桶，加一点，再加一点。孩子们觉得水够了，就开始把湿的沙子装进模具，期待着城堡的出现。

往沙坑倒水

湿沙造型

还是失败了。昊昊：“放了水怎么还是不行？我们设计的沙堡看来是没法成功了。”

失败了几次后，有几个孩子已经想放弃了，还有几个仍在尝试。孩子们在实践中探究，在探究中摸索。

师：“你们已经很努力了，千万不要放弃哦！你们看，有水从你们刚用的模具里流出来了。”

昊昊：“老师，我知道了！是我们的水加得太多了，我们试试减少一点水。”

雯雯：“我们教室区域有滴管，这样就不会加太多的水了！”

昊昊：“这也太少了吧！种植地那里有水壶，我们试试吧。”

湿沙造型失败

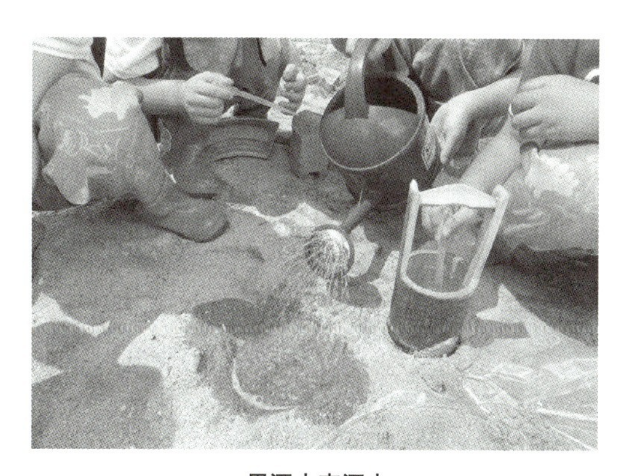

用洒水壶洒水

我们的思考：如何进一步支持孩子们的探索？对于想要放弃的那些孩子如何进一步激发他们的兴趣？

我们的指导：一起阅读绘本《加油，我能行》，鼓励孩子们不要放弃。同时和孩子们一起查找失败的原因，总结经验。在大沙池里直接倒水不容易知道水量是多是少，少了一下子就会被沙子“喝”掉，多了沙子则会粘在手上或者模具里，不是倒不出来就是塌了。怎么才能让水不要跑这么快呢？

镜头 5：“刚刚好”

孩子们从户外种植地取来了防雨的塑料膜，垫在沙池里，然后取了一桶沙子放在塑料膜上，慢慢往里倒水。塑料膜成了沙子的雨衣，这下水减少得慢多了。孩子们倒一点，搅拌一下，根据沙子的潮湿程度，再倒一点水……

瀚瀚：“要不我们放城墙模具里先试试吧。”说着，三个小伙伴就把搅拌好的湿沙放进了模具。装装满，按按平，小心翼翼地扣在地上，然后轻轻地取掉模具。孩子们成功了！第一个城墙完成了！

垫好塑料膜

刚刚好

我们的思考：孩子们通过自己不断地调整和尝试，总算成功了！如何让更多的孩子体验到成功的喜悦呢？

我们的指导：请三个成功的孩子介绍他们成功的经验，你一句我一句地分享给全班的小伙伴：“在塑料膜上搅拌，不要一下子把水都倒下去，要一边倒一边搅拌。不多不少，刚刚好！”边上的孩子们认真地听着，都信心满满地尝试着。

终于，在孩子们的坚持和不放弃的探索下，我们实现了沙堡梦！

成功啦

插小旗

欢呼

三、活动反思

《与孩子共成长》一书中写道：“聆听童声，解读童心，捕捉孩子在寻常时刻中思维跳动、情感脉动，用孩子听得懂、看得见、理解得了的方式与之对话，是教师必修的专业能力。”在“邂逅沙堡”微课程活动中，从孩子们希望即使不在海边也能有自己的沙堡，和孩子们一起经历了准备期、设计期到后来的实践期，寻找水源，调整运水方式，探索沙水比，再次搭建沙堡。中间经历了一次次的失败、探索和调整，丰富了幼儿沙水游戏的经验。

我们从幼儿的生活、兴趣出发，更多地记录孩子们在课程经历中的体验和成长，无论是经历失败还是成功，跟随孩子的脚步去创造、去延伸，这个过程是师幼双方都受益的、共同成长的过程。

户外骑行区：车车来了

张家港市锦丰中心幼儿园

一、活动背景

“这个水泥搅拌车的绘本我看过，里面有一个大大的圆筒搅拌器。”

“公交车的里面居然还有双层巴士，大家快来看！”

…………

孩子们在阅读区你一言我一语地发表着自己的见解，讨论得热火朝天。原来是十一月的绘本推荐，思隆为我们带来了一套汽车科普认知系列的绘本，显然大家都对这一套小车绘本十分感兴趣，我们学校里也有小车，就在学校后面的雨棚停车场里，孩子们都很想去玩一玩。

为了满足孩子们的好奇心，班本活动“车车来了”应运而生了，我们开展了丰富

绘本推荐

多彩的系列活动，孩子们通过观察各种各样的车子，在看一看、摸一摸、玩一玩等过程中直观探索车子。我们学校里也有小车，借此契机，孩子们在大户外中选择了骑行区，切身了解基础的交通知识并学会遵守交通规则，在校园中亲身体验骑行的奥秘，与同伴在骑行中享受无忧无虑的快乐。

骑行游戏不仅能丰富幼儿的主观体验和认知，发展幼儿的协调能力和沟通技巧，而且能使他们学会分享与合作，尝试开拓与创新，体验成功与挫折，从而实现幼儿个性的全面和谐发展。

二、活动实施

在“车车来了”活动中，幼儿了解了各种各样的车子，知道了不同车子的构造等相关知识，我们从班本活动中了解的内容出发，借由园内的大户外骑行区，让幼儿在体验骑车、了解马路上的交通规则、体验骑行趣事的系列活动中，感受大户外骑行的乐趣。

（一）骑车初体验——从幼儿兴趣出发

1. 逛园子

原来在我们的绘本中有这么多的车，公交车、警车、搅拌车……这天孩子们喝完牛奶后在阅读区把自己喜欢的小车画了下来，他们都对自己感兴趣的车进行了一系列的描述和介绍，看，原来有这么多的车子种类，孩子们都迫不及待想要开汽车了。

孩子们年纪太小还不能开汽车，但是学校有好多小自行车，我们去挑选一辆吧。伴随着嬉闹声，孩子们快乐地直接奔向心中所喜爱的小车，大家都选择了自己喜欢的小车，准备扮演司机和客人，骑行游戏开始了。

画一画各种各样的车

停车场看一看

2. 学校里的马路上有什么？

哇，小朋友们观察得可真是仔细，像孙悟空的火眼金睛一样，我们发现了马路上的箭头、黄线，还看到了很多交通标志。我们可以拍下来和教室里的小朋友一起认识了解一下。

马路上的箭头

路边的停车标志

3. 设计我们的服务区

在服务区能做些什么事情呢？服务区建在哪里？孩子们的意见都不一样，我们到底选择哪一块地方作为我们服务区呢？幼儿园这么大，可真难抉择。

幼儿的解决办法：

“在服务区，我们可以停下喝喝水，吃吃东西，然后再骑车，最好有个帐篷可以到里面坐一坐。”

“服务区要有好玩的东西。”

“嗯！看来我们需要找一个可以搭帐篷的地方。”

“帐篷可以搭在草坪上，还可以拿一个大垫子，上面放些好吃的东西，这样大家都可以吃。”

…………

在大家的共同努力下，服务区建成了。可是经过第二次户外游戏，我们发现，服务区的选址好像有些问题，我们的服务区和中八班的小舞台“打架”了，两个班级在一起太挤了怎么办？

幼儿的解决办法：

“我们的服务区太挤，中八班的小舞台太热闹，骑车的小朋友都不能休息了。”

最终选址摆放

“我们的垫子只能铺在边上了，也有些挤，帐篷都不好摆了。”

“我们搬家吧，再找一个好地方，能荡秋千的地方。”

“那边还能给我们停小车。”

…………

我们的思考：幼儿能通过绘本知识发散思维，联想到生活中马路上的小汽车，校园内的骑行小车。《指南》提出：教师应善于发现幼儿感兴趣的事物、游戏和偶发事件中所隐含的教育价值，把握时机，积极引导。当孩子们观察了各式各样的车子之后，显然孩子们对车子有了一定的粗浅认识，他们对车子的认识能够拓宽自己的思路，如汽车、卡车、消防车等。

我们的指导：孩子们每天上学、放学的途中都会见到很多汽车和交通标志，他们就会对汽车和马路产生好奇和探索的欲望。在服务区初期选址等问题上，孩子们有许多的思考与尝试，我们进一步聆听了他们的想法，给予孩子们充分表达想法和意见的机会。让他们不断学习、积累经验，养成了良好的学习品质。

（二）马路上的安全——从幼儿经验出发

1. 发生车祸怎么办?

“快走呀！快走呀！太挤了！”

“我想转弯，他都不看好，就把我撞倒了。”

“都是她，她非要跟我抢道！”

…………

问题：车祸的原因是什么?

“随便骑来骑去，就可能会撞到人。”

“车子骑得太快就来不及刹车，那样就会撞到别人，在路口的时候谁也不让谁先走。”

“没有看好标记也会发生撞车，有人乱停车！”

…………

翻车现场

幼儿表征问题

幼儿的解决办法：

“因为有的车过来，有的车过去，行驶的方向不同就会容易撞在一起。需要往同一个方向骑车。因此，要标注更多的箭头方向。”

“有人把车乱停，我爸爸说车是要按箭头方向停在停车位的。”

“我们可以放交通标志来提醒！也可以有交通警察来维持秩序！”

…………

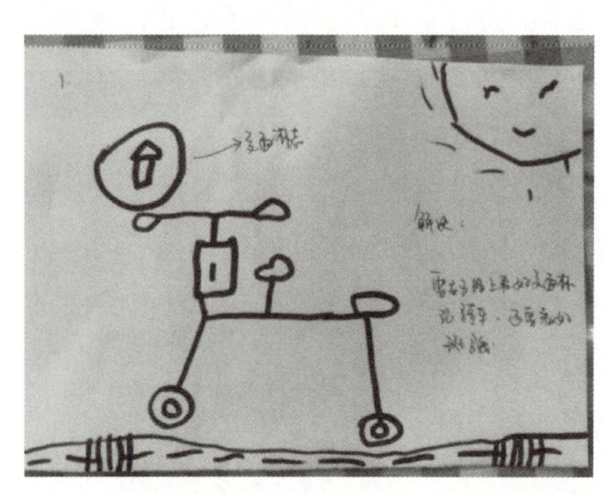

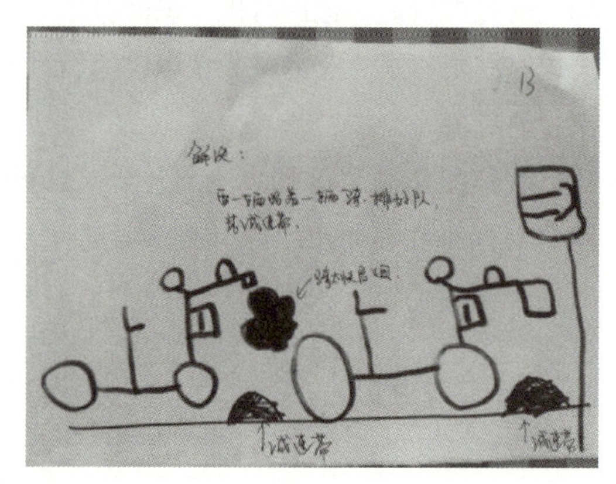

幼儿表征解决方法

斑马线停车检查

于是第二天，我们的“小交警”上线指挥交通，并且后续还会陆续增加红绿灯、交通标志、箭头标志、人行横道、减速带、停车标志等。

2. 交警叔叔小课堂

马路上的安全有哪些呢？怎么才能完全避免我们骑行小车的各种问题呢？为进一步满足幼儿对交通安全日渐高涨的探究兴趣，让幼儿了解更多安全标志、交通规则的小知识，我们邀请了交警叔叔进课堂，为大家讲解交通规则。交警叔叔耐心地给大家讲解各种安全标志的含义，还有如何看信号灯、如何安全行走、如何安全乘车等交通安全知识。交警叔叔诙谐幽默的语言赢得了孩子们的喜爱，并且得益于交警叔叔的课堂，孩子们也牢牢地掌握了这些交通安全知识。

交警叔叔来介绍

3. 有用的交通标志——家园合作

马路上有许多标志线、信号灯和各种各样的交通安全标志来指引大家开车。大家可以按照交通规则行驶，这样就保证了汽车、行人的安全。看到马路上的各种安全标志，孩子们好奇地讨论着这些标志的不同含义。

“这是可以转弯的意思吧？”

“地上有黄色的线和白色的线，这是干什么用的？”

“这里画着喇叭是提醒大家不要随便鸣笛。”

…………

交警叔叔课堂

幼儿表征交通标志

张贴交通标志

我们的思考： 从孩子们本次自主体验游戏的过程看来，孩子们依旧缺乏游戏的经验，但发现问题以后，小朋友们开始积极开动脑筋，分小组讨论，思考着怎样解决车祸出现的实际问题。孩子们对于交通知识的探索涉猎更加广泛，我们对孩子的支持也需要随之加强。《指南》中指出：最大限度地支持和满足幼儿通过直接感知，实际操作和亲身体验获取经验的需要。这时候势必需要家校联动、社区交警联动的支持，以满足幼儿知识能力拓展的需要。

我们的指导： 经过“撞车”事件我们展开了一系列的思考，寻找解决问题的好办法，并进行了记录。有了交警叔叔与家长的支持，孩子们讨论有关“车”的话题越来越多了。《纲要》也指出：通过环境的创设有效地利用并开发，促进幼儿发展。所以后期我们也会在区域内添置红绿灯，在游戏过程中我们不仅要培养孩子们掌握骑车的技能，还要教他们认识马路上的交通标志，才能更好地为骑行打下“安全基础”。

（三）骑行趣事一二三——从幼儿的实际出发

1. "小交警"的职责

"交警要在红绿灯那里指挥交通。"

"我看到有警察会给违反交通规则的人开罚单。"

"谁闯红灯要被开罚单吧！"

…………

孩子们对于交警的职责进行了划分。红绿灯处"小交警"在疏导交通；有人将车停在了大马路中间，"小交警"一边忙着开罚单，一边忙着挪动妨碍交通的车辆，参照现行的交通规则，孩子们模拟了违停处罚。

"交警"指挥

"交警"挪车

2. 小骑手的乐趣

"小班的弟弟、妹妹好像也很想和我们一起骑小车。"

"我们带着弟弟、妹妹去兜风吧。"

"学校的升旗仪式也想请我们去表演。那我们的车队去现场表演一下吧！"

…………

带小妹妹骑车

搭档组合

3.“驾校”培训

骑行违规的人越来越多，怎么办才好呢？孩子们经过讨论决定，被“小交警”贴罚单次数过多者去“驾校”回炉重造。我们开启驾校模式，把那些几次违反交通规则并且收到罚单都不改正的小朋友送回“驾校”重新学习。

“交警”没收违规小车

“交警”对违规者进行教育

我们的思考：《纲要》中提出，创设一个宽松的环境，让每个幼儿都有机会参与探究活动，进行尝试、感受参与的乐趣，并能鼓励幼儿大胆发表自己的想法和意见。在环绕骑行的过程，我们能够清晰地感觉到孩子们对于骑行的喜爱，同时也敏感地捕捉到了孩子们骑行中的“小故事”。由于3～6岁幼儿年龄特点，他们在骑行游戏的过程中常常会受到环境和他人的影响，对于那些不遵守交通规则的人，如果这些影响和要求适合他们的特点，那么就可以转为孩子们自己的愿望和动机。生活中最常见的交通违规问题，同样也出现在了大户外的骑行活动中，孩子们是如何解决的呢？他们想要一所驾校来约束交通违规的小朋友们，那就满足他们需要，进一步持续地支持他们。

我们的指导：孩子们有自己的思考模式，在骑行中与弟弟、妹妹们的互动，在校园操场上的表演，对于他们来说都是一次次人生的成长。当遇到违规行为时，他们想要有一所驾校，教师要做的是尊重幼儿的意愿，同时进行合理而自然的引导。《指南》中也指出：支持和鼓励幼儿在探究的过程中积极动手动脑寻找答案或解决问题。所以我们既要培养幼儿的耐力，又要尊重他们的意愿，对他们的意愿予以合理而自然的引导。骑行活动到了最后，我们的整个骑行环线也完成了，孩子们在骑行中收获到了很多。

三、活动反思

创设情境激发兴趣。生活即课堂，社会即学校。《纲要》指出，幼儿的活动要从孩子的身边出发，选择孩子们喜欢的、感兴趣的。兴趣就是幼儿最好的老师，借由绘本为契机，我们围绕“骑行”这一教育资源，有效地整合多方资源，根据我园特点与孩子们的兴趣与已有经验，在绘本阅读的基础之上，开展实施户外骑行活动，帮助幼儿了解汽车基本结构，学习遵守交通规则，养成安全的骑车习惯等，助力幼儿追逐兴趣。

放手支持能力提升。升入中班的幼儿显然具备了一定对外界事物的感知能力，他们能通过绘本知识进行发散思维，联想到生活中马路上的小汽车、校园内的骑行小车，基于对幼儿在现场行为的解读，我们退后观察、了解需要、跟进支持，鼓励幼儿自由交流、大胆表现，把游戏还给孩子们，让他们懂得合作互补的重要性，积极地动脑筋想办法解决问题，明白在游戏中可以按照自己的想法和意愿进行活动，也学着接受别人的意见和想法。当发现问题时，幼儿能够最快速地想到解决问题的办法，并获得大量的知识经验。在活动的过程中，幼儿的动手能力、团队意识、责任心都得到了加强，真正让孩子们成为游戏的主人，在游戏中感受，在游戏中成长。

课程渗透联系生活。《指南》也提出，要开展丰富多彩的户外游戏和体育活动，培养幼儿参加体育活动的兴趣和习惯，增强体质，提高他们对环境的适应能力，强调让幼儿在快乐的童年生活中获得有益于健康身心发展的经验。

孩子们以解决生活中实际问题为主线，通过实地观察、调查，交警进课堂，亲子调查等方式，直观体验、亲身感知了交通秩序，了解了交通规则，并且在校园内实际体验了骑行。相信未来有了班级里的这些“小交警”的加入，我们的出行又会多一份文明与安全。从简单的骑行运动到社会性角色的渗透，孩子们在游戏中体验、探索、发现、表达……交通安全意识增加了，社会交往能力也越来越好了。

愿孩子们以渺小启程，以伟大结束。

建构区：鞋子乱了

吴江经济技术开发区天和幼儿园

一、活动背景

建构区活动属于区域活动中的一种重要游戏形式，是幼儿园一日活动中幼儿最喜爱的活动之一。兴趣作为幼儿游戏、学习的原动力，能很好地激发幼儿的意图和行为。“鞋子乱了”是发生在建构区的“意外”活动，是一次偶发性事件。这个活动的产生是没有预设的，也没有固定的框架，整个活动的发展和走向都由幼儿主导。《纲要》中指出：教师要善于发现幼儿感兴趣的事物，找出在偶发事件中所蕴含的教育价值，把握时机，积极引导。于是，我们追随幼儿的兴趣，跟随幼儿的步伐，在幼儿反复地堆、拆、搭的过程中，和幼儿一起发现问题、解决问题，建构出幼儿自己满意的鞋架。

中班幼儿对于建构区活动的目的性较为明确，有初步简单的建构计划，幼儿通过操作各种建构材料，既能直接感受建构材料变化带来的新奇和趣味，又能在建构过程中锻炼手眼协调能力，有利于培养他们克服困难、坚持到底的良好品质。

二、活动实施

探究如何支持幼儿游戏的深入发展，关注幼儿的游戏过程，发现幼儿“哇”时刻，根据幼儿探索进程和需要提供适宜的支持，是我园开展区域游戏所遵循的原则，我们根据现阶段幼儿最感兴趣的热点来决定游戏内容，并深入思考“如何支持和延伸幼儿的兴趣点”“如何引导幼儿自主解决问题”“什么样的方式能促进幼儿的思考”等一系列问题。

（一）从“节外生枝”到课程萌发——建构的前期思考

区域游戏开始没多久，“小警察”壹一就对拼搭区的小朋友说：“你们为什么不好好放鞋子，乱七八糟的，都影响边上的人了。”这时拼搭区的小毅马上说：“不是的，我们刚才放好的，有人走过踢到就乱掉了。”

由于我们的拼搭区在走廊上，边上来往的人也较多，每次游戏时总会有人为鞋子乱掉而烦恼。

小毅说：“我们每次刚把鞋子放好，没一会就乱掉了，很麻烦！”

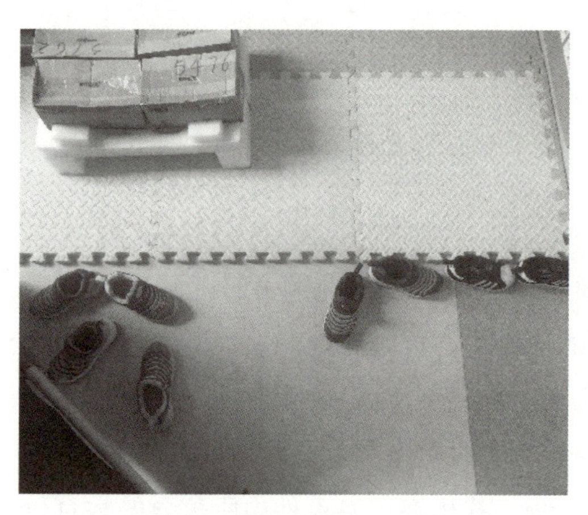

乱掉的鞋子

讨论鞋子的摆放

开开说：“要不找个人看鞋子吧？”

小鱼儿说：“不行的，没有人喜欢看鞋子的。”

彤彤说：“我们玩的时候小心一点，不要碰到别人的鞋子。”

辰辰说：“以前我总是提醒路过的人，可是他们总是忘记。”

临临说：“我有个办法，我们做个放鞋子的东西吧！我们家就有专门放鞋子的地方。”

我们意识到幼儿对鞋子的摆放这一话题非常感兴趣，解决这一问题的愿望非常强烈。幼儿游戏中的“真兴趣”有了，我们也关注到了幼儿的兴趣点，那么如何开展以“鞋子乱了”为切入点的微课程？会有哪些价值和意义呢？是否有相关支持该微课程开展的条件和资源？我们以《纲要》和《指南》为依据，梳理了该微课程的发展领域与关键经验（表 1）。

表 1 “鞋子乱了”发展领域与关键经验

发展领域	关键经验
科学领域	在成人的帮助下制定简单的调查表并开展调查 根据观察到的现象，及时记录 用一定的方法验证自己的猜测 按照程序进行相关建构 正确、恰当地使用简单的工具 探索中有发现时，感到兴奋和成功感 通过观察、测量、比较与分析，进行建构
语言领域	用叙述性语言传达信息，提出问题和提供解释 有问题时愿意向别人请教 愿意与大家分享高兴、成功或有趣的事 愿意与他人讨论问题 愿意用图画和符号表现事物或故事
社会领域	活动时能与他人积极沟通、分工合作 与同伴发生冲突时，能协商解决

预测以后，我们就该微课程可能需要的资源做了梳理（表 2），为的是在探究之前做好充分的准备工作，进而促进幼儿在微课程活动中取得更大的收获。

表 2 “鞋子乱了”课程资源

资源类型	具体内容
内部资源	区域游戏空间有交流展示的机会 班级提供场地供幼儿探究和建构
外部资源	家长的帮助 在家长的陪同下观察家中的鞋架，进行实地调查

基于上述思考，我们引导中班幼儿将“鞋子乱了怎么办”这一问题与他们的生活经验进行联系，从而产生更具有针对性的驱动型问题——“什么方法可以让鞋子变整齐”“鞋架该如何制作”，让这些问题嵌入幼儿感兴趣的真实体验中，让活动指向核心经验，引发高阶认知，具有一定的挑战性。

我们的思考：生活中，总会有很多“节外生枝”的事件，我们要善于抓住这些看似平常却又意义非凡的教育契机，让幼儿主动、积极地去发现、去求索、去尝试解决问题。鞋子乱了，是在游戏区最常见也最容易被忽视的问题，但是由于影响到了孩子们的游戏，孩子们便提出来了，并议论纷纷。老师也开始成为他们的一员，成为一只在孩子旁边倾听的耳朵，成为一支在旁边记录的笔，成为一个在旁边支持、鼓励他们的朋友。

（二）从讨论派到积极行动派——建构前的观察与设计

当天，孩子们就决定回家看看家里放鞋子的地方是什么样的，并请爸爸、妈妈帮忙拍照记录下来。

1. 鞋架是什么样的?

由于游戏中的偶然而引发的关注，家家户户都有的“默默无闻”的鞋架，受到了前所未有的关注。原来有了鞋架我们的鞋子这么整齐，原来鞋架可以给我们带来这么多方便……

观察了鞋架后，孩子们对鞋架有了直观的认识。第二天在集体讨论时辰辰迫不及待地说：“我们也造一个鞋架吧！”于是大家七嘴八舌地说起自己想象中鞋架的样子。

2. 我的设计：画一画

大家对于“想要造一个鞋架”的愿望很强烈，于是我们这一次让孩子们带着任务去进行第二次鞋架的观察。当天我们帮助孩子们设计了一个简约的空白表格，让孩子们带回家进行第二次观察，并设计一个自己喜欢的鞋架。瞧，孩子们的设计真是多种多样呀！

设计鞋架

3. 我的设计：说一说

什么样的鞋架适合放在我们的建构区呢？孩子们设计的鞋架有各种类型，有长方形的，有苹果形的，有柜式的，也有动物形状的。孩子们从众多款式里初步选出 8 张设计图，我们请这 8 个小朋友分别介绍自己的设计。

4. 我的设计：选一选

我们根据这 8 张设计图，进行投票选择，孩子们每人手里都有一颗五角星，他们会贴在自己最喜欢的设计图上。

选择喜欢的设计图

结果出来啦，君君的2号设计图受到了大多数小朋友的欢迎，那么大家为什么选择2号呢？

小伊说："我觉得2号设计图方方的，像块冰激凌，我喜欢它。"

彤彤说："因为它既简单又好看。"

依依说："它有四层，可以正好请四个小朋友玩游戏。"

瑶瑶说："它的形状，我们方便做呀！"

我们的思考：因为孩子们知道，设计好了模型以后要通过自己的努力制作出来，所以他们在做选择的时候已经带有一定目的性了。他们会考虑到制作方面的因素，除了外形的美观，他们也会关注到材料、形状及制作的便利程度。这都说明，孩子们已经具备一定的生活经验，并把这些经验反映在游戏活动的思考中。教师应激发孩子们这种主动思考的品质，并追随他们，使之成为孩子们的一种学习习惯。

（三）从平面到立体建构——建构中的反复探索

游戏是幼儿真实生活的反映，我们运用现实比照法提高幼儿的建构能力，在游戏过程中细致观察，通过有效的手段帮助幼儿将游戏与现实进行联结、比较，从而锻炼幼儿认知、建构技能、合作等方面的能力，促进幼儿主动建构，进而拓展幼儿的搭建经验。

1. 材料准备

确定好了鞋架的款式，大家就开始制作了，我们一起去幼儿园的资源库，看看有什么可以用的材料。珉珉来到资源库和可可、铄铄商量鞋盒盖可以用在鞋架的什么地方。

阳阳说："我找到了泡沫垫，我想把它放在鞋架下面垫着。"

小景说："我觉得薯片罐可以用来当鞋架的柱子。"

小铄说："我找到了纸板，可以用来将鞋架隔成一层一层的。"

小鱼儿说："这个长长的盒子是我在我们班级搜集箱找到的，我觉得可能有用。"

寻找材料

第一次尝试

2. 制作鞋架——第一次尝试

小铄用了四个薯片罐当底座，可摇摇晃晃总会倒，他急忙边扶住边说："老是倒下来啊！"辰辰说："再放两个。"他递了两个薯片罐给小铄，于是他们又在下面多放了两个，总算是稳住了，他嘘了一口气。在几个小朋友的努力下，鞋架总算完成了，他们还成功地把拼搭区小朋友的鞋子放了上去，大家都开心地笑了。依依去美工区拿了一张纸，把他们做鞋架用到的材料记录了下来。在孩子们的爱护下，我们的鞋架撑了两天，第三天倒了。辰辰说："我穿鞋的时候不小心碰倒了。"

娜娜说："它老是摇晃。"

小玉说："我们得想办法把它弄牢固点。"

小毅说："用胶水把它们胶住吧！"

小张说："也可以用双面胶。"

临临说："我们可以用老师的那个胶枪。"

辰辰说："要不用砖头吧，再加点混凝土。"

我们的思考：用纸板和薯片罐搭的鞋架太容易倾倒，这引起了孩子们的讨论和思考，有小朋友考虑替换材料，也有小朋友觉得需要加固，孩子们讨论得非常热烈。老师是在最后砖头和混凝土这个话题出现时才介入的，便于引导幼儿用一些更适合我们幼儿园的、可操作的材料。

3. 制作鞋架——第二次尝试

有了第一次的经验，这回孩子们手脚麻利多了，老师把胶枪热好以后交给孩子们。

小伊说："胶枪粘得牢，我们就用四个薯片罐放在下面吧，不要用六个了，要不然鞋子不好放！"几个人有商有量地干起来，他们还把顶层的容易扎到手的竹编盖子也替换成了统一的纸板。第二次制作，我们用到了胶枪，也要记录下来。然而事情并没有想象中那么顺利，在接下来的一星期中，这个鞋架经历了很多坎坷，一次摔倒，几次脱胶、纸板弯曲……临临提出："我们能不能把纸板换成木板？"

经过大家的商量，用木板替换纸板的方案一致通过，但是幼儿园没有找到合适的木板，于是孩子们决定回家请爸爸、妈妈帮忙一起搜集。

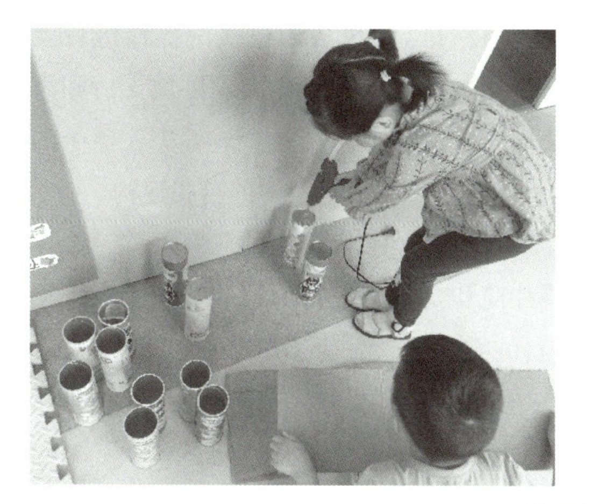

第二次尝试

我们的思考：在第一次操作的基础之上，孩子们明显有经验很多，对于如何替换材料，如何操作材料都很有自信，觉得自己能把事情做好。所以我们要尽量多放手让孩子们主动参与到各项游戏活动中，尽可能地多创造机会，让他们真正成为班级的小主人。

4. 制作鞋架——第三次尝试

家长们很支持孩子们制作鞋架的活动，芯芯的奶奶第二天就帮忙带来了木板材料，其他家长也陆续带来一些。

等材料备齐，我们又开工了。乔乔说："薯片桶容易摇晃，要不换成奶粉桶吧！"为了确定高度，乔乔马上拿起奶粉桶和薯片桶比比看是不是差不多高。小胡说："这个瓶底凹进去的怎么办？"简单讨论过后，孩子们决定泡沫双面胶和胶枪一起用。几个小朋友一起熟练地把鞋架搭好了，俨然一副小小熟练工的模样。总算是成功啦，这一次鞋架终于稳稳的了，赶紧记录下来！

第三次尝试

成功搭建

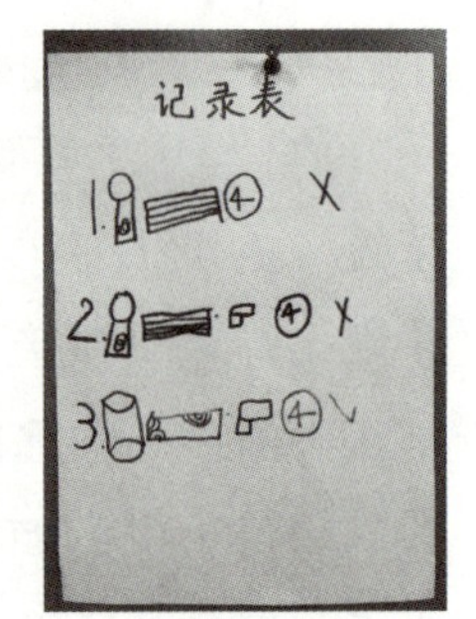

搭建记录

幼儿的学习与经验：经过了三次搭建，幼儿将自己的想法通过实际操作进行验证—推翻—再验证—再推翻—再验证。就如《指南》指出的：要最大限度地支持和满足幼儿通过直接感知、实际操作和亲身体验获取经验的需要。在这个过程中，孩子们的观察会变得更细致，会主动去思考、去实践，很好地完成了学习中的自我建构。

我们的思考：孩子们为了把自己的设想变成现实，会结合自己的已有经验，选择长方形的纸板或木板，为了确定高度，会用薯片筒和奶粉桶进行对比和测量。中班年龄段的孩子常常会通过动手动脑探究物体和材料的方式进行活动，并且乐在其中。

三、活动反思

建构区中“鞋子乱了”的问题，其实是幼儿园经常会发生且不起眼的小事情。但是由于影响到了幼儿的游戏，孩子们便提出来了。很庆幸我们抓住了这个由幼儿抛出来的问题，抓住了他们的疑惑，激发出了他们的兴趣，并使之愿意为其积极思考和努力实践。这也是我们在平时一直思考的问题：“如何支持和延伸幼儿的兴趣点”“如何引导幼儿自主解决问题”“什么样的方式能促进幼儿的思考”。在这场小小的一波三折的鞋架问题里，孩子们通过直接感知，亲身体验，实际操作，完成了属于自己的鞋架建构，发展了与同伴合作的能力、动手操作的能力、技术创造的能力等。这个过程也大大激发了孩子们对建构活动的探究兴趣，增强了对自我的肯定。

美工区：100 层的房子

吴江经济技术开发区天和幼儿园

一、活动背景

我们班的班本美术活动“100 层的房子”，跟随孩子的兴趣已经发展到立体建构房子的阶段了。通过前期的立体建构知识储备、材料收集等准备，孩子们跃跃欲试想要开始房子的立体建构了。孩子们发现收集的树枝、木片、吸管、筷子等，可以在立体建构中做承重的支柱，但是对黏合材料用什么这个问题却有了不同的看法。

二、活动实施

（一）初次尝试

萌萌从材料盒里拿出了吸管，拿了一根竖着站立在纸板上，手一松吸管就倒了。她想了想，又从材料盒里拿出了橡皮泥，搓了一个圆球，用力压在了纸板上，再将刚才倒掉的吸管拿起来插在橡皮泥上，吸管直直地立起来了。就这样，萌萌用同样的方法将纸板的四个角上压了四个橡皮泥球，插了四根吸管。萌萌看了这四根吸管柱了很久，想想又拿了一块纸板轻轻地盖在四根吸管上，纸板稳稳地平铺在上面。但刚过一会儿，上层的纸板滑落、吸管柱子倾斜，整个房子倒塌下来。

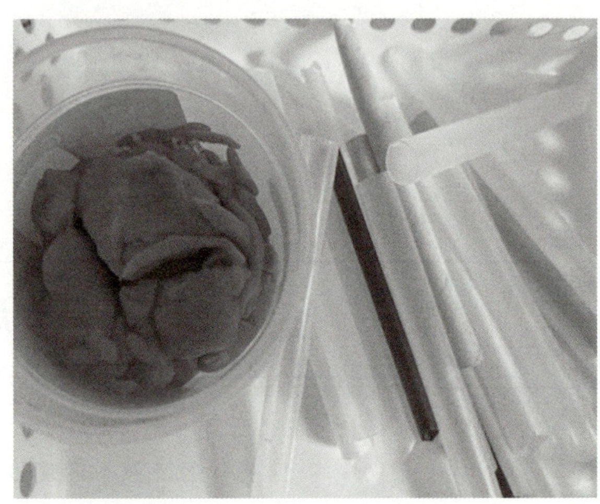

尝试用橡皮泥和吸管建构

我们的思考：这是小朋友首次尝试房子的立体建构，他们运用了前期的知识，将纸板作地基、吸管作承重支撑，在开始的时候房子稳稳地盖住，建构成功。但是过一会后，整个房子的立体建构就倒塌了，是什么原因导致的呢？在游戏反馈中，我们将这个情景再现，将问题抛给小朋友。小朋友们纷纷思索，发表自己的想法，有的说是吸管太轻了，有的说橡皮泥太湿了，吸管会滑下来，还有的说可以拿个绳子把支撑绑起来也可以做承重的。于是，我们在尊重孩子兴趣的基础上，让孩子们再次进行黏合材料大探索。

（二）黏合材料大比拼

对于哪种材料最适合做黏合材料这个问题，孩子们一直有争执，既然这样，那就让他们自己去对比尝试研究，自己寻找出最适合的黏合材料。孩子们在教室里又找到了轻黏土和毛根这些材料，他们自己组队，进行了三种黏合材料实验大比拼。

第 1 组：橡皮泥队

橡皮泥软软的很容易插下吸管或树枝，获得承重支撑，但是在做第二层房子建构时，手一放下，树枝就会倒开来，做不了两层楼的房子。

第 2 组：轻黏土队

轻黏土队用轻黏土做黏合时也出现了橡皮泥的问题，不能做第二层的建构。但是在后面的操作中发现表面有点干了的轻黏土可以很好地包住树枝，不会倒下来；但是有点干了的轻黏土放在底板上就不会那么黏，做黏合用的轻黏土球有时会滑动。

用橡皮泥建构

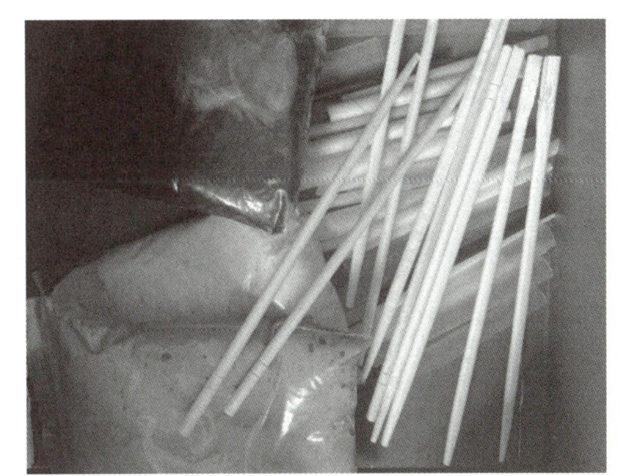

用轻黏土建构

第 3 组：毛根队

毛根很柔软，轻轻扭一下就弯曲了，操作性强，将它在树枝上绕一圈绕两圈，再左右扭一扭，就可以让树枝支撑起来，起到固定的作用。但是绑好的叉开来的树枝，碰了后容易散开来或者倒下来。

用毛根建构

我们的思考：在游戏中，我们看到孩子们有自己的想法，并且去操作实践，想要得出最好的黏合材料去说服大家。但是，通过这三种黏合材料的实验比拼，我们发现每种材料都可以黏合，但又都有自己的缺陷。当陷入这样的僵局时候，我们提出投票的方法，让每个孩子进行选择，从而汇总出班级最合适的黏合材料。当班级 38 个孩子进行投票、唱票后，15 票的轻黏土、14 票的毛根被一致认为比较合适的黏合材料。

幼儿投票表

三、回顾与反思

1. 孩子的收获

对于中班幼儿来说，立体建构稍有些难度，但是在尝试、实践、探索和对比的过程中，他们一直进行较长时间的操作，并保持较高的探索欲望，这说明在“跳起来摘果子”的过程中他们达到了原有立体建构的目标，也促进了自身在各方面能力的发展（表 1）。

表 1　幼儿经验对比表

		原有经验	现有经验
100层的房子	健康领域	1. 能在较冷或较热的户外环境中活动 2. 能画出简单的图形 3. 能沿轮廓线剪出由直线构成的简单图形	1. 能在较冷或较热的户外环境中活动半小时以上 2. 能根据需要画出图形，线条基本平滑 3. 能沿轮廓线剪出由直线或曲线构成的简单图形 4. 能按类别整理好物品
	语言领域	1. 喜欢看图书，能把看过的图书讲给别人听 2. 能在提醒下或较主动使用礼貌用语 3. 对生活中的标识、符号感兴趣，知道它们表示一定的意义 4. 愿意用图画和符号表达自己的想法	1. 能专注地阅读，喜欢与他人谈论图书的有关内容 2. 能主动使用礼貌用语，主动向他人问候 3. 了解标识、符号 4. 会用图画和符号表达自己的想法，表现事物或故事
	社会领域	1. 喜欢和小朋友一起游戏 2. 能按照自己的想法进行游戏 3. 感受规则的意义，并能基本遵守规则	1. 有经常一起玩的好朋友，有问题能向他人请教 2. 能在游戏中出主意、想办法 3. 知道规则的意义，能和同伴商量、制定游戏规则

续表

		原有经验	现有经验
100层的房子	科学领域	1. 能常常动手动脑探索物体和材料 2. 能用图画或其他符号进行记录 3. 能用数词描述事物的排列顺序和位置	1. 能经常动手动脑探索材料，寻找问题的答案 2. 能用图画、数字等进行记录 3. 能描述100以内的数的顺序和位置
	艺术领域	1. 能用绘画、手工等方式表现自己的想法 2. 欣赏生活中的建筑，关注其形态、色彩等 3. 愿意和他人交流、分享自己的作品 4. 会用面对面的角度（正视）观察事物	1. 能用多种材料、工具来表现自己的感受和想象 2. 会用点线面、图形、颜色等装饰自己的作品 3. 欣赏生活中的建筑，能用简单的线条、色彩等表现出来 4. 愿意和他人交流、分享自己的作品和美感体验 5. 能从多角度（俯视、仰视等）观察身边的事物，并能简单创作

2. 教师的反思

幼儿在生活中的细心观察和体验，产生了立体建构的想法，教师应该成为幼儿学习活动的支持者、合作者和引导者，带领孩子通过阅读、商讨，共同学习黏合、端点连接、排列组合等立体建构技能。在幼儿探究“什么材料最适合黏合”的问题时，教师为幼儿提供足够的空间和时间，提供丰富的材料，鼓励和支持幼儿进行实验探究，帮助幼儿发现问题，从而进行持续不断的探索。

科学区：有趣的虹吸

苏州市吴中区胥口实验幼儿园

一、活动背景

炎热的夏天在小池塘里游戏，是幼儿最开心的时刻，幼儿可以在这里使用各种材料，尝试玩各种游戏：有的拿着挤瓶在玩打水战游戏；有的捡起水里的小球玩沉浮游戏；有的在岸边的涂鸦墙上，像艺术家一样挥笔泼墨；有的尝试往水管里灌水；有的蹲下来认真观察水里的石头；有的用漏水的桶玩接水游戏；有的用小球和 PVC 管玩漂流游戏，可开心了。

探究游戏不仅能丰富幼儿感知和主观体验，发展幼儿的探究欲望和操作动手技能，而且能使他们学会分享与合作，尝试开拓与创新，体验成功与挫折，从而实现幼儿个性的全面和谐发展。

二、活动实施

（一）幼儿的探索与发现

幼儿再来到池塘边进行游戏，然而这次他们选择的水管好像跟之前的有所不同，无论怎么灌水，球都出不来。他们还发现，只要往水管里灌水，对岸的另一根水管居然会冒水。如果用瓶子把这边低处的管口罩住，对岸的幼儿继续往水管里灌水，球便自己浮了上来，拿到球的幼儿都非常兴奋。

幼儿将游戏发现用绘画的方式进行了分享。

画一画水管的秘密

（二）初探“好玩的连通器”

虹吸实验

回到班级后，可乐对之前在玩水区发生的现象很感兴趣。于是，他拿起一个大针筒，把水吸到针筒中，再把针筒对准水管的一端。用力一推，蓝色的水全部跑出了针筒，随着水管流向竖着的两个容器中。可乐马上说：“蓝色的水经过两个大针管后居然流到了另一端。”欢欢也激动地拿起针筒吸了一些水，往里面注射。“两个竖着的针筒水越来越多，慢慢就流到了另一端的水管口。”这时候欢欢发现，一端水管长，一端水管短，他提出如果从长的水管口注水，水会不会从另一端短的水管中流出呢？于是孩子们开始尝试，发现也可以，而当针筒注射完直接进行倒抽时，却也可以把水再抽回来。

我们的思考：孩子们对事物是充满好奇心和探究欲的。在游戏中只要给他们提供简单的操作和探究工具就能调动起他们参与的积极性。这个实验对于中班幼儿来说，理解原理是有一定困难的，但他们能够通过颜色识别从而发现水流动的方向。借用布鲁纳的名言：“认知是一个过程，而不是一个结果。”那么如何让幼儿在发现探索中，把这个知识点运用到平时的生活游戏中去呢？

我们的指导：顺着幼儿的发现和推断，我们模拟地下连通管，进行了连通器小实验。幼儿初步了解了连通器的基本原理，并与家长一起在生活中寻找连通器。幼儿发现下水道的U形水管、水壶洒水器、小动物的饮水器都是运用连通器原理制作而成的。幼儿能够对事物或现象进行观察比较，发现其相同与不同。幼儿能发现并描述水的前后变化，认识到两个容器内形成的水柱的高低与水流的方向有关。他们根据观察到的结果提出问题，并大胆猜测答案。通过观察、猜测，孩子们领略了虹吸实验的精髓。

（三）再探“有趣的虹吸”

幼儿再次回到游戏中，继续玩起了往连通管里灌水的游戏。幼儿从比较高的水管里灌水，另一边比较矮的水管会往外漏水；而从矮的水管里灌水，高的水管却不会漏水，但只要堵住矮的水管口，高水管里的水就会倒流，这是为什么呢？

再探虹吸实验

由一侧的液面气体压强增强而液面降低，而另一侧压强没增强而液面升高，并且会往外漏水，这种现象引起了幼儿的讨论：

（1）空气是透明的，看不见，但是摸得着吗？

（2）空气能把水从管子里挤出来，它力气很大吗？

（3）空气到底还能做什么呢？

我们的思考：真正了解幼儿的想法才能提出有效的问题，不同的问题也会产生不同的效果，在探索中我们深感教师提问技巧的重要性。有效的提问可以使幼儿发表不同的见解，加强师生沟通与交流，了解幼儿的兴趣点，从而引导幼儿思考的方向。

我们的指导：支持幼儿的想法，鼓励幼儿大胆猜想。让孩子们运用自己的经验进行假设猜想，为了让孩子们记住自己的猜想，我们可以用记录的方法让他们了解别人的想法：先画出自己的想法，接着带着自己的想法去观察、验证。

（四）回归游戏

为了帮助幼儿寻求答案，我们发动家长一起参与讨论。小雨的妈妈针对幼儿的提问设计了一次科学活动——“气动力小车”。活动中，幼儿在教师的引导下，自己动手制作空气炮和气动力小车。生动的活动过程和新奇的小实验让幼儿充满了学习的兴趣。在实验过程中，幼儿有了深刻的体验和感受，并形成了自己的见解。

为了让所有的幼儿都能够参与体验并发现“有趣的虹吸”在生活游戏中的运用，我们与幼儿一起搭建了一座城市。“有趣的虹吸”在高架桥上的应用可以改变小汽车行驶的方向。孩子们运用“气动力小车”原理，把各种运用动能的小车加入其中，我们的城市建设变得越来越丰富。

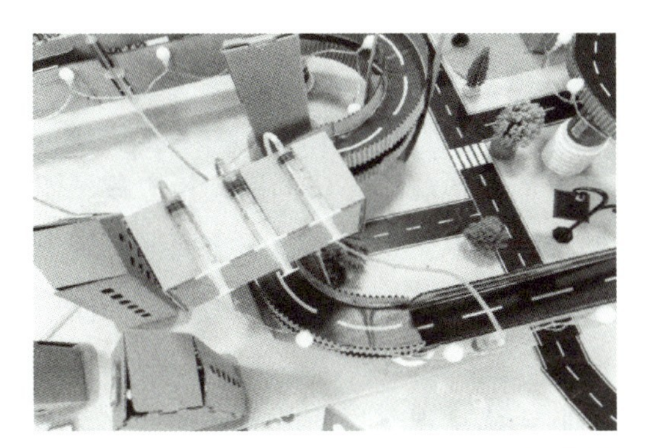

改变高架桥轨道实验图

在活动中，我们发现幼儿只会拿着液压装置无意识地进行操作，却没有去观察探究里面的原理。这时，教师适时地引导提问：“为什么你把针筒按下去高架桥就会下去，针筒拉上来高架桥就升上来了？”这个时候，两个小朋友开始思考观察，由于针筒中已经加入有颜色的色素，小朋友们可以清晰地发现针筒中的变化，小雨说针筒拉上去的时候，针筒里就会有颜色，按下去的时候针筒里就没有颜色了。教师继续提问：“那针筒里没有颜色的时候里面有什么呢？”教师给孩子们一个针筒，让他们玩，他们把手放在出气口，发现有空气的流出，从而得出结论，原来针筒里存在空气，液压装置是通过压缩空气来形成压力的。

高架桥游戏探索

我们的思考：有时候，活动本身有着很多潜在的教育价值，有时目标意识不强，它们就可能“溜过去”，如果我们的目标意识较强，就能够发现其中的教育价值，并进行适当引导，孩子会得到更多的发展。教师的作用就是判断什么时候是幼儿学习的关键时刻，那么如何才能适时适度地介入和参与幼儿的活动呢？

我们的指导：在一个简单的实验和教师的引导下，幼儿就能够了解一些“难度很大”的科学原理，在进行科学实验探究的过程中，教师不需要进行长篇大论的理论讲解，我们需要做的就是创设轻松自由的环境，给幼儿提供所需的操作材料，让幼儿自由自在地进行思考和探索，从直接操作中得出浅显的科学道理，这样幼儿才能体会科学的魅力，增加游戏的乐趣。教师在其中只需要作为一个引导者即可。

液压挖掘机探索

在了解到液压装置的原理后，孩子们在整个游戏中又发现了很多需要液压装置的玩具，如玩具压路机、推土机等都使用了液压装置，在后续操作这些机器的时候，孩子们会认真观察里面的液体的变化，不再是单纯无意识地玩了，做到了在游戏中学习知识。在弄清楚液压装置的基本原理以后，教师还可以提供更多的操作材料，让幼儿去探究液压压力与流速和导管的长度等是否有关，从而丰富幼儿的科学知识。

我们的思考：如何引导探究液压的伸缩与高架桥升降的关系，利用液压装置形成控制系统，控制模型的运动，从而让幼儿了解简单的机械结构？引导幼儿认真倾听同伴提问并且可以合作进行操作活动；引导幼儿真实地进行探究，从而了解简单的科学原理。

我们的指导：教师应该抓住幼儿游戏的本质特点，充分考虑幼儿内在的需要和感受，否则会使游戏失去本身的价值。首先，应明确游戏评价的目的。注重发挥评价的激励作用，创设和支持每一个孩子在游戏活动中的创造性。其次，要重视游戏评价过程中幼儿的自主性。游戏对于幼儿的魅力，就是他们的自主性可以在游戏中得到充分体现。游戏评价也应从幼儿的体验出发，以幼儿成为主体。每一次的游戏，都让幼儿自己来谈一谈感受和想法，说一说下一次游戏的改进和更好玩的方法，激发幼儿进一步参与游戏的兴趣和热情。

三、活动反思

学习形式多样化：授人以鱼，不如授人以渔。

让幼儿尝试多种方法进行学习，如制订游戏计划，运用思维导图，自制表格等。善于运用不同的学习方式，不仅可以扩宽幼儿的知识面，还能提高幼儿的学习能力。

家长资源的充分利用。家长来自各行各业，此次活动恰好是开拓幼儿知识面的重要渠道，让家长参与到幼儿园的教学活动中，不仅能为幼儿提供一些幼儿园以外的学习资源，也能增进亲子之间的关系。

注重幼儿学习品质的发展。在自主游戏中，除了让幼儿的游戏水平不断得到提高，更要注重幼儿学习品质的培养。良好的学习品质对幼儿一生的发展都有着重要的作用，具有良好学习品质的幼儿往往具有顽强的意志力、较强的抗挫能力、灵活的创造性、较强的适应能力和自信心等。

教师的自我提升。在自主游戏活动中，教师深感幼儿的知识面之广和动手能力之强大。所谓活到老，学到老，每个人都应该抱有终身学习的心态。随着时代的快速发展，会涌现出更多的新鲜事物，所以教师更应该积极主动地去学习新的东西，才能满足幼儿的求知欲。

美工区：稻草人

常熟市东南幼儿园

一、活动背景

美工区资源库的设立是为了支持孩子展现更多的艺术表现和创造力，但在实际使用的过程中，我们发现资源库利用率很低，孩子们热衷的始终是某些材料，甚至有些材料一学期都没有被使用过。而这一切在一起美工区活动中悄然发生了变化……

二、活动实施

（一）活动缘起——蚊子乱飞的稻草堆

夏天到了，好几个小朋友被蚊子叮了包，我们开始大扫除，将可能聚集蚊子的地方清理一遍。当我们着手整理美工区里放置的稻草时，许多蚊子飞了出来。惹来了孩子们的惊呼。

稻草自收集起放在美工区已经有近一年的时间了，考虑到它们被使用的频率几乎为零，教师便请阿姨老师将其丢弃。但这一举动引来了孩子们的争议。

林励：“为什么要把稻草丢掉呢?”

熙熙：“老师，可以给我点吗？我想带回家给妈妈看看。”

鑫宇：“我们老家有好多稻草，可以堆成小房子那样！”

平时不起眼的稻草，在这时成了孩子们热议的对象。于是，我们索性和孩子们一起认识稻草，接着又开展了稻草可以用来做什么的讨论。

奕凡：“我们可以用稻草玩抓尾巴的游戏。”

何莯："我们可以做个草帽。"

羽晴："有了，我们可以做稻草人，放在我们的玉米地里就没有小鸟敢吃我们的玉米了！"

幼儿围绕稻草展开讨论

"稻草人"这个话题立刻在孩子们中间炸开了锅。

鑫宇："我爷爷会扎稻草人，套上塑料袋，风吹了塑料袋就开始动，麻雀都吓跑了。"

雨欣："小班那边就有两个稻草人，还戴着帽子呢！"

妙言："老师，我们用稻草来做稻草人吧！"

在孩子们的提议下，稻草又被我们捡了回来，重新回到了美工区。

我们的思考： 在美工区的创设中，我们会尽可能多地给孩子们提供丰富的材料，供他们创作用，但问题也随之产生：孩子们对有些材料并不熟悉，虽然有兴趣却不知道如何利用材料，教师也很少会围绕材料和孩子们展开相应的讨论。当我们把稻草扔掉的时候，从孩子们的反应中可以看出他们对材料是感兴趣的，这也是孩子们进一步学习的契机。

我们的指导：

（1）丰富的美工区的材料。

（2）发现幼儿对稻草感兴趣，并且有一定的经验，鼓励幼儿根据自己的已有经验尝试制作稻草人。

（二）初次尝试——稻草人怎么做

当想法要落实到行动的时候，孩子们遇到了困难：他们在晨间区域活动时摆弄了一早上，但稻草人始终没有成形。

幼儿制作稻草人

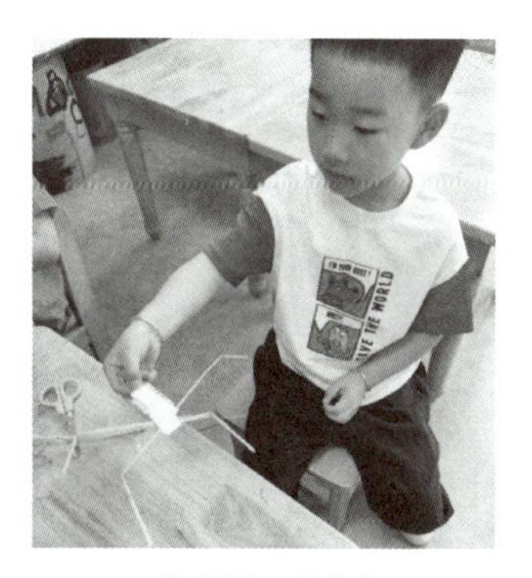

幼儿展示稻草人

认识稻草人

于是，在点评环节大家就一起讨论：怎么才能把稻草人做出来。

洋鑫："应该放几张稻草人的图片，照着做会简单一点。"

子轩："我们可以先设计一个稻草人，然后照着设计图来做。"

苏米："我感觉材料不够，做稻草人还要木棒、绳子等。"

那么我们先做什么？后做什么呢？孩子们经过商议，逐渐理清了思路：先收集稻草人的图片，接着画设计图，然后根据设计图收集材料，最后再着手制作。

我们的思考：在区域活动时，孩子们根据最初的想法自主尝试制作了稻草人，但是他们的稻草人与真实的稻草人有很大的差距。因此，我们利用讲评的契机和小朋友们一起讨论稻草人应该是什么样的，怎么制作稻草人，通过集体讨论，孩子们对如何制作稻草人有了清晰的认识。

我们的指导：

（1）提供稻草、双面胶、毛根、剪刀等支持性材料供孩子们自由选择、自主尝试。

（2）创设宽松自由的活动环境，使每个孩子都有充分尝试的机会；通过集体讨论来明确如何制作稻草人，调动孩子们继续探究的兴趣。

（三）再次尝试——稻草人完成了

第二天，孩子们收集了关于稻草人的资料带了过来，有扎稻草人的步骤图、关于稻草人的绘本、稻草人的图片，等等。在区域活动时，洋鑫、鑫宇、芮滕、何莯、诗研 5 位小朋友进入了美工区，向大家介绍他们设计的稻草人。

鑫宇："我设计的是一个稻草人男孩，穿运动衫，戴帽子。"

何莯："我要做一个长辫子的稻草人，送给妈妈。"

洋鑫："我要做一个穿着裙子的稻草人，还要给他戴上遮阳帽，这样就不怕太阳晒了。"

诗研："我的稻草人穿着波点裙子，很开心，还有头上戴着蝴蝶结。"

幼儿设计的稻草人

1. 材料清单诞生了

完成稻草人设计图后，孩子们开始制作稻草人。用什么材料呢？在老师的提议下，孩子们去资源库寻找需要的材料，却发现资源库的材料不能满足他们的需要。

何莯：“我觉得用彩纸做的稻草人会被淋湿，我想用塑料袋，可是资源库里没有。”

鑫宇：“老师，您可以把裁纸机借我吗？这样我就能一下子裁好多稻草了。”

洋鑫：“我需要一些笔直的树枝。”

诗研：“我想用纸盘给稻草人做一个超大的遮阳帽，这样夏天他就不会晒黑了。”

偌大的资源库顿时满足不了孩子们的需要了，于是，我们请孩子们将需要的材料用表格的形式记录下来。但是，我们在观察孩子们拟定的材料明细表后发现：有些材料是资源库有的或可以去幼儿园仓库领取，不需要另外收集；有些材料太局限，可以有更好的替代品；还有一些材料是重复的……结合这些问题，我们和孩子们一起讨论，将设计表精简，形成了本次活动所需的材料清单。

设计材料清单

在放学前，由美工区孩子们发起了“稻草人材料收集”活动，邀请全班的小朋友一起收集他们需要的材料。在全体孩子的参与下，材料很快收集完成了。

我们的思考： 伴随着活动的持续开展，孩子们对材料的需求更加个性化和富有针对性，原本的资源库已经不能满足孩子的需要了，因此，在老师的提醒下，孩子们罗列清单，更新了资源库。孩子们在参与班级管理的同时，也在活动中加深了对材料的认识。

我们的指导：

（1）鼓励幼儿对材料清单进行删减，如处理原有不用的材料，补充新材料。

（2）教师对孩子们的活动持续关注，通过启发性的提问、支持的态度鼓励幼儿将自己的想法付诸行动。

发动收集材料

整理收集来的材料

2. 稻草人诞生了

随着美工区活动的开展，新的问题又产生了：孩子们用双面胶和绳子扎出来的稻草很松，拿起来稻草就掉了；扎稻草的时候稻草老是松开，最后扎出来的稻草乱糟糟的；在给稻草人装饰的时候，用双面胶粘不牢……怎么才能做出一个结实、好看的稻草人呢？

鑫宇：“我们可以试试看毛根，老师经常用毛根来绑东西。”

诗研：“在扎稻草人的时候可以请别的小朋友来帮忙，一个小朋友握稻草，一个小朋友捆稻草。”

何莯：“稻草人做出来不整齐可以用剪刀把长出来的剪掉呀，这样不就好看了嘛！”

鑫宇：“老师您能不能把胶枪和泡沫胶借我们？它们粘得牢。”

洋鑫：“我们可以用轻黏土做稻草人的眼睛、鼻子、项链，这样它们就可以粘在稻草上了。”

经过实践，孩子们发现有些材料并不能达到预期的效果，于是，我们再次调整了资源库，让材料更加符合孩子们的需要。

随着资源库的完善，孩子们也从使用老师投放的材料进行美工活动变成了选择自己需要的材料。资源库也成为承载孩子们想象力与创造力的摇篮。

调整后的资源库

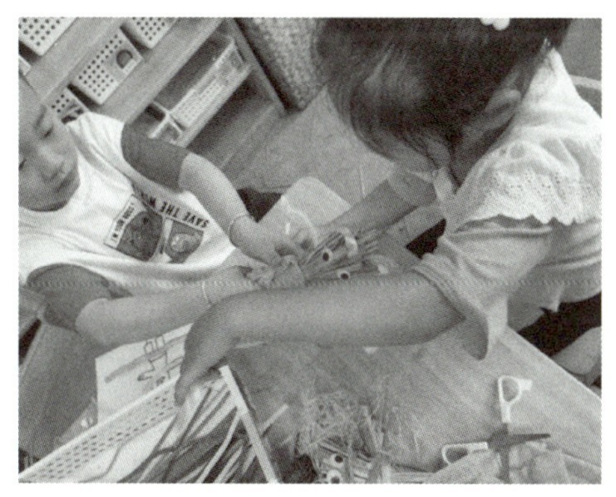
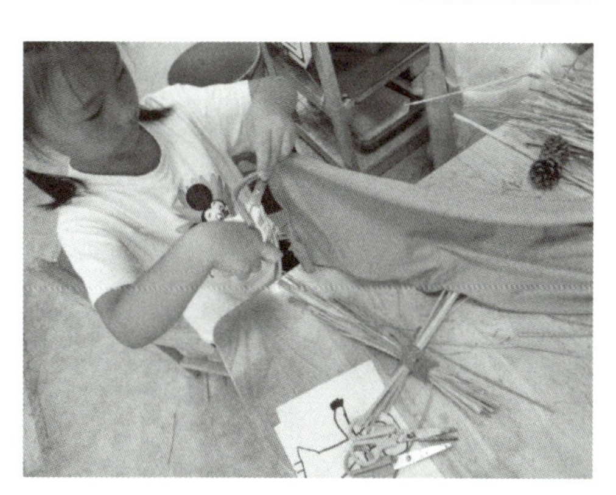

幼儿制作稻草人

瞧一瞧孩子们的作品吧。

何莯：“我是照着妈妈的样子做的稻草人，她有两条辫子，头发红红的，还戴了一顶帽子，她穿了一件白裙子，很可爱。”

周蕊：“我做的稻草人是女孩，她有长长的头发。我用毛根给她做了手臂，这样她可以摆出各种各样的造型，头上我用小木块和松果给她做了装饰。”

鑫宇：“我给稻草人做了两条腿，用布给他做了短裤和背心，这样别人就能看出他是个男孩子了，他笑得很开心，看，有那么多牙齿露在外面！”

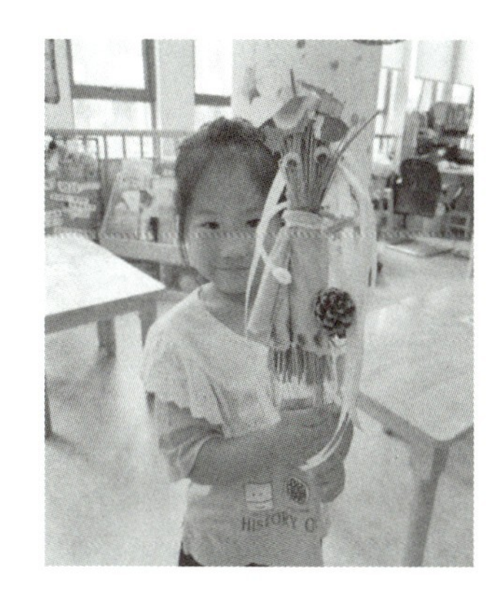

幼儿作品

我们的思考：从活动中不难看出孩子们对材料的认识是不够明确的，他们原本认为可以使用的材料在实际的操作中并不好用，孩子们在直接感知和亲身体验中去认识材料、使用材料，最终让材料来支持孩子们的想象力与创造力。因此，我们资源库也伴随着孩子们对材料的认识进行动态的变化，使其更加符合他们的经验与需要，能够更好地支持他们的深度学习。

三、活动反思

随着课程游戏化的推进，区域活动成为孩子们自我学习、自我发展的重要场所。我们根据《0—8 岁儿童学习环境创设》一书，为孩子们在美工区提供了资源库，可是在美工区活动时，教师往往事先提供了材料供幼儿操作，或者幼儿按照自己的想法进行创作，但使用的材料比较单一，资源库利用率低，孩子们在美工区完成了一个又一个作品，但是他们的深度学习在美工区没有得到很好的体现。

随着一捆稻草引发的争议，我们重新打破了美工区的既有模式，由孩子们去讨论活动形式、活动内容、活动材料，让孩子们去决定资源库里应该放什么。这时，我们发现了一个很有意思的现象：孩子们在活动时往往是想到哪里就做到哪里，活动不够深入。这时就需要教师站在他们的立场帮他们梳理问题、归纳总结，引导他们向更高层次发展。可喜的是，我们在美工区看到了孩子们对制作稻草人的思考：稻草引发的美工区活动—失败的稻草人—设计—收集材料—制作—调整材料—独一无二的稻草人。制作稻草人这个活动首先触发了孩子们内在的学习动机，但是随着活动的开展，他们在实际操作时产生了一系列的问题，在教师的支持下，这些问题引发了他们自我的反省认知，从而从一个浅表的活动向更深层次发展，孩子们在运用已有经验解决问题的时候，对美工活动的开展有了更深层次的理解。同时，当他们用不同的材料和方法来制作形态各异的稻草人时，我们看到了他们的实践创新。

制作稻草人是我们班美工区幼儿走向深度学习尝试性的一步，我们相信在今后的学习中，可以见证更多触及心灵深处的学习、以解决问题为指向的学习、以亲身实践为主旋律的学习。

生活区：你还想养小仓鼠吗？

常熟市东南幼儿园

一、活动背景

某一天，班级里的小朋友带来了一只小仓鼠放在养殖区，孩子们非常欢喜，为它取名“仓仓”，可没养多久，“仓仓”却“越笼出逃”不见了，听闻此事后，大一班的哥哥、姐姐将班中众多小仓鼠中的一只借给了我们养。当时正值秋天，生活区游戏中有不少种子材料，孩子们也常常在进行完生活区活动后，将自己剥出来的部分瓜子、核桃、花生等坚果喂食小仓鼠。然而，在一天晨间区域活动后，几个孩子照常准备将剥好的坚果送去给小仓鼠吃，结果却发现仓鼠不见了，在所有孩子与老师的共同找寻下，最终在午睡室床底下发现了已经失去生命的小仓鼠……

二、活动实施

（一）事后对话——你还想养小仓鼠吗？

事情发生后，我们组织孩子们进行了一次集体谈话。经历了一次仓鼠出逃至今未归，又经历一次小仓鼠意外身亡，那么，“你还想养小仓鼠吗？为什么？”孩子们给出了不同的回应与理由。

我们的思考：每个孩子对小动物都有与生俱来的喜爱，更不用说是自己班里饲养的小动物。然而两只小仓鼠，一只出逃，生死未卜，一只意外身亡。生命的消逝无疑会给孩子们带来巨大的心灵震撼，除了难过与伤心，他们一定还会有各种各样的感受，害怕、担忧……

我们的指导：

（1）组织幼儿展开集体谈话，通过一个话题，引导幼儿说出自己内心的感受。

（2）从孩子们的回应来看，大多数的孩子不想再养小仓鼠了，因为他们担心、害怕小仓鼠还会出事，他们认为自己还不够了解小仓鼠。但是，在众多声音中，有一个孩子提出姥姥家的仓鼠就不会死，透露出了她还藏在心底的一丝期待。

（二）提出假设——如果还想养……

众多孩子都说不想养，那是真的不想养，还是不敢养呢？为了解开孩子们的心结，我们以一个假设性的问题切入："如果还要养，我们需要做些什么呢？"了解仓鼠的死因是第一步……

1. 小仓鼠为什么会死亡？

猜想 1：与进食相关的猜测

佳琳："可能是吃瓜子的时候呛到了，呛死了吧？"

奕承："可能是吃到花生壳了吧，也有可能是吃到了床底下的灰尘。"

瑾瑜："肯定是吃到了很硬的东西，不舒服，死掉了。"

猜想 2：与生活环境相关的猜测

俪琪："可能是小仓鼠对着空调吹太冷了，冷得生病了，冻死了。"

佳琳："还有可能就是我们小朋友太吵了，把它吵死了。"

猜想 3：与意外相关的猜测

佳玥："可能是小仓鼠逃出笼子后跑来跑去，教室里又太黑了，它就撞在床脚上撞死了。"

你一言我一语，孩子们对仓鼠的死因有了这么多的猜测，那么如果还要养仓鼠，我们该如何解决这些问题，避免"出逃""死亡"再次发生呢？

记录我的猜想

猜想记录纸

2. 我们需要这样做……

瑾瑜：“我们要给小仓鼠一个很牢的家，这样它就不会钻出来，不会逃跑了。”

小朱：“小仓鼠的家要很暖和、很温暖，这样它就不冷，不会生病了。”

果冻：“小仓鼠喜欢独居，要专门给小仓鼠一个家。”

佳玥：“我们还不能给小仓鼠吃它不喜欢吃的东西，也不可以喂它喝冷水。”

幼儿边讨论边记录

幼儿讨论记录纸

我们的思考：很多孩子不敢再养小仓鼠了，是心理上受到了一定的影响，这个时候，我们认为帮助孩子们打开心结，做好心理疏导也是十分必要的。如何打开这个心结，让孩子们对饲养仓鼠或者是饲养其他小动物少一些担忧，多一份勇敢呢？我们认为还是要从问题的根源出发，或许是因为我们对于小仓鼠的生活习性、饲养方法等还没有充分了解，或许是我们的饲养工具存在一些问题等，于是为了不让孩子们有心理负担，我们以假设性的问题介入，循循善诱，引导幼儿直视问题，并在此过程中对他们进行心理疏导。

我们的指导：

（1）创设开放、自由、轻松的环境，以假设性问题介入，引导幼儿展开讨论。

（2）在讨论的过程中，允许幼儿自由、主动地记录，为后续的探索奠定基础。

（三）实施行动——解决问题

行动 1：了解小仓鼠的生活习性（经验准备）

接连几天里，孩子们通过翻阅绘本、查找视频、观看纪录片等方式，深入了解小仓鼠的生活习性。有心的孩子们还在自制小书、日记本上记录了自己的发现，并与同伴分享这一切……

佳琳：“我给小仓鼠做了一本小书。这是封面，我画了一只小仓鼠，它正在吃瓜子，因为仓鼠喜欢吃瓜子。我还画了一个滚轮，仓鼠需要运动，它喜欢玩滚轮。我还

幼儿观看小仓鼠相关的纪录片

用爱心和破碎的爱心画了仓鼠喜欢和不喜欢的事情。”

思彤：“我是和妈妈一起完成的，我们通过观察发现小仓鼠喜欢在白天睡觉，晚上才出来活动。小仓鼠喜欢有一个独立的房子，它还喜欢吃松子、杂食。”

俪琪：“我们要照顾好小仓鼠，小仓鼠不喜欢吹风扇、吹空调，它生活的环境不能太冷，也不能太热，会生病的。”

郎朗：“小仓鼠还不喜欢晒太阳，也不能吃太多的瓜子，它会不舒服的。”

…………

幼儿分享自己的调查记录

同伴们的介绍，也让孩子们收获不小，听到了很多自己没查到的内容，那么怎样把这些内容放在一起，能让大家一下子看明白呢？“用思维导图的方法。”没想到，最近新学的本领还用在这儿了，于是就有了一张张思维导图式的仓鼠信息表。

幼儿介绍自己绘制的思维导图

除了有孩子们自己的梳理，大家提议，区域里也要放一张这个，大家照顾小仓鼠的时候就能看了，我们师幼合作，完成了一张《仓鼠喜好图》。

《仓鼠喜好图》

行动 2：给小仓鼠一个坚固、温暖的家（物质准备）

了解了仓鼠的习性，做好了经验上的准备，孩子们就着手为小仓鼠打造一个坚固、温暖的家了，而这些活动也连接到了孩子们日常的区域活动中。

◆ **与生活区活动的连接**

语涵：“这个空隙太大了，要缠一些东西上去，这样小仓鼠就逃不出来了。”

小宝：“我来帮你一起做吧。”

小宝：“里面的房子都脏了，我们洗洗干净吧。”

语涵：“我把木屑倒了，洗一下。”

郎朗：“我要洗它的滚轮。”

修补笼子

◆ **与户外建构区活动的连接**

清洗笼子

建构仓鼠的家

制作仓鼠的家

◆ 与美工区活动的连接

做了这么多准备，那么，现在，你还愿意再养一只小仓鼠吗？

我们的思考：结合之前的讨论，孩子们在一日生活中通过各种各样的方式去更进一步了解小仓鼠的习性，去解决需要解决的问题，这个过程中，实际解决的问题已经不仅关乎于仓鼠，还有自己的心灵，这是一个心理疏导与准备的过程……更为惊喜的是，孩子们的小小心田里还有了责任与担当！

我们的指导：

（1）鼓励幼儿通过多种多样的方式调查了解小仓鼠，并通过集体交流讨论，用自己的方式进行记录，逐步积累更多关于小仓鼠的认识。

（2）在各个区域中提供充足的材料，并支持幼儿的想法进行游戏与活动。

行动 3：“赚钱”买仓鼠（饲养准备）

现在，更多的孩子想要再养一只仓鼠。那么，新的问题又来了……如何再次获得一只小仓鼠？购买的话，钱从哪里来？

小宝：“我们在家里做一些事情，爸爸、妈妈就会奖励我们钱。”

小朱：“我们做家务就可以有钱了。”

佳琳：“卖东西就能赚到钱了。”

师：“卖什么？”

昊昊：“玩具。”

…………

在孩子们的商量讨论中，我们找到了两种“赚钱”的方法：“劳动”与“义卖”。经过家园沟通，家长们纷纷表示对孩子们的支持。于是，孩子们就行动起来了……

（1）劳动赚钱，我们在行动。

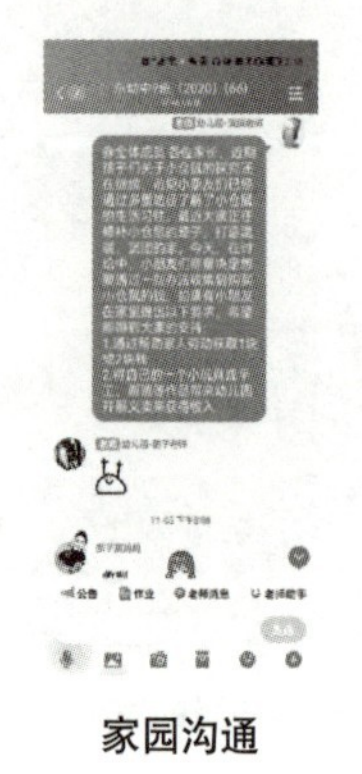
家园沟通

幼儿劳动赚钱

幼儿存钱

（2）关于“义卖”，我们要做何准备？

佳玥：“我们要带玩具来。”

瑾瑜：“带一些娃娃。”

俪琪：“还要告诉其他班的小朋友。”

大家说干就干，收集商品，制作宣传海报，到其他班宣传。

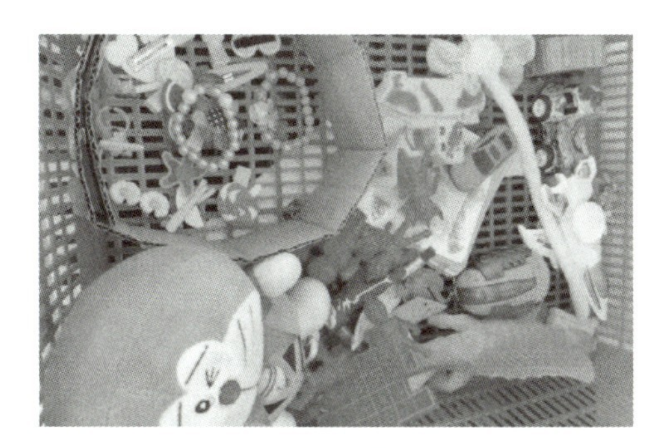

收集商品

制作宣传海报

完成后的宣传海报

进班宣传

讨论商品“定价”

义卖现场

经过精心的准备，在大家的共同努力下，我们终于筹到了买仓鼠的钱，一共116.1元。

2. 养几只仓鼠呢？

经过一番讨论，大家最终达成了一致意见，买三只仓鼠，一只还给大班的哥哥、姐姐，一只送给支持我们跳蚤市场的中十班小朋友，一只留给自己班。

3. 由谁负责买？

幼儿抽签

佳琳：“我已经问过我妈妈了，她同意周末带我一起去买。”

小宝：“我也问了，我妈妈也愿意的。”

小朱：“我妈妈说帮我买两只仓鼠。”

在交流中，有三个小朋友表示已经征询过家长意见，同意代表小朋友们一起去买仓鼠。于是，三个小朋友在大家的建议下进行抽签，最终由佳琳代表班级小朋友去购买小仓鼠。

购买仓鼠

幼儿记录并向同伴介绍购买过程

三、活动反思

随着课程游戏化的开展，幼儿园的一日生活也在不断变化中，“一日生活皆课程”从一句口号逐步走向落地生根，各个幼儿园也如火如荼地开展着精彩的课程，一个个生动有趣的课程故事让我们惊叹孩子的无限潜能。

“你还想养小仓鼠吗?”这是一趟探索之旅、自愈之程，与其说是始于生活区，不如说是课程游戏化背景下孩子们一日生活的小小缩影，课程的开展并不局限于某个或某几个区域，而是渗透在幼儿一日生活中的各个环节。整个过程中，孩子们关于仓鼠的经验在不断累积，关于生命的认识也逐渐更新。这是一个生动的故事，也是一次深刻的教育，关于自然、关于生命……与此同时，孩子们的收获也不仅仅停留在某一个区域中，更多的是，还有关于责任与担当；关于劳动与探索；关于分工与合作……而正是这点点滴滴，推动孩子们走向深度学习。

益智区：铺路记

常熟市东南幼儿园

一、活动背景

我园银泰园环境优美，其中有很多天然草坪，未经过人工修饰，旨在让幼儿与大自然更为亲近。但是，一到下雨，“青青草地”上就会泥泞不堪。在一次雨后，我们带着孩子们散步时不经意间走到了一片泥地上，走完之后，孩子们发现不仅自己的脚底全是泥巴，他们还将泥巴脚印带到了楼梯上、班级里。看着这些脚印，孩子们苦恼不已，这该怎么办呢？我们把这个问题抛给了孩子们，浩浩说：“可以像昆承湖边一样，铺一条小路。”这个想法得到了孩子们的一致认可。这条小路可以怎么铺呢？会遇到什么问题呢？在孩子们的激烈的讨论中，活动开始了……

走过小路后脏脏的鞋底

“昆承湖”边上的小路

二、活动实施

（一）第一次活动（3月4日）

1. 调查——设计小路

决定要铺路了，那么用什么铺呢？浩浩说："昆承湖旁边的小路是用石板铺的。""可是我们幼儿园没有那么大的石头啊！"文博说。他想了想又说："那我们先去找一找，看看我们幼儿园有什么材料，然后再去铺！"于是我们分成四个小组，到幼儿园各个角落调查，统计哪些材料可以用来铺路。随后孩子们纷纷表达了自己的想法，进行了热烈的讨论。有的说看到了砖头，有的说看到了木板……教师引导他们根据自己找到的材料，绘制出铺路设计图。

幼儿分组调查

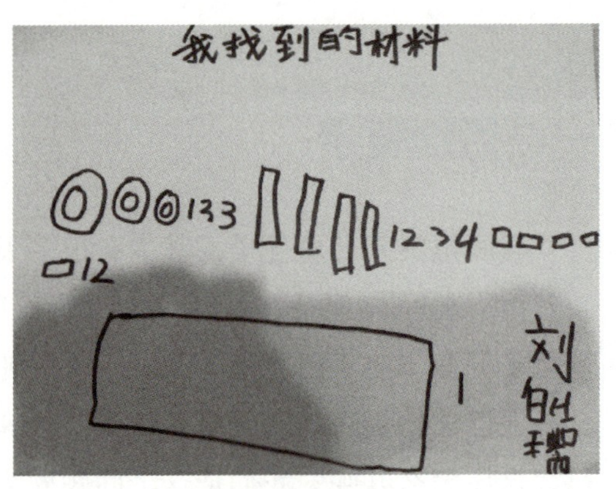

幼儿的调查结果

2. 讨论——确定方案

带着设计图，我们出发来到了小路上。孩子们一边实地考察，一边打开设计图，说出了自己的想法。铭铭说："我发现幼儿园里有很多轮胎，我设计的是把轮胎铺在路上面，然后我们可以走在轮胎上。"话一出口，就遭到了反对。文博说："不行不行！轮胎不稳的。"于是孩子们就近搬来了一个轮胎，踩在上面走了一下，发现真的不稳当。这时，文浩说："我调查到沙池里有砖头，可以把砖头放在轮胎里面，我们走在砖头上。"豆豆指着设计图说："我在角落里发现了假草坪，我设计的是用假草坪铺在地上的方法，这样又软又漂亮。"孩子们也试了一下，果然

豆豆的小路设计图

软软的。经过讨论，这两个方案都得到了大家的认可，孩子们决定铺一条“轮胎砖头路”和“草坪路”相结合的小路。

3. 实施——小路初成

说干就干，孩子们分成两队，开始去幼儿园的各个角落搬材料，然后把材料铺成小路。精彩的小故事纷纷上演。

砖头铺几块？

“轮胎砖头队”忙得热火朝天，他们从涂鸦区搬来很多有漂亮花纹的轮胎放在“草坪路”的旁边。接着，小杰把自己搬来的两块砖头放在了轮胎中间。放好了以后就踩在砖头上，试着走过去。“哎呀，我的脚太大了！”小杰说，“再来铺两块吧，嘿嘿，这下稳了。”

铺设砖头

“轮胎砖头路”和“草坪路”

然后两队孩子一起合作，共同商量，最终由“轮胎砖头路”和“草坪路”拼成的一条小路终于铺好了！孩子们一起在自己铺出的小路上走来走去，然后，老师问：“这条小路好走吗？”“好走！”沉浸在喜悦中的孩子们异口同声地回答。这时，老师没有急于追问下去，而是表扬了他们爱劳动的精神，带他们回到了班级。

走在铺好的小路上

我们的思考： 铺路活动可以给孩子带来很多的学习机会，如何开始铺路活动？如何引导幼儿在铺路活动中进行思考呢？

我们的指导： 支持孩子们想铺路的愿望，倾听孩子们的想法，鼓励孩子们自己寻找材料，以自己喜欢的方式进行铺路，不干预幼儿的想法。

（二）第二次活动（3月11日）

1. 尝试——发现问题

一个星期后，雨过天晴的一天，老师又带着孩子们去散步，这时，鑫鑫提议：“我们去看一看上次铺的小路吧。”等到了小路，眼前的景象让孩子们吃了一惊。草坪上的砖头东一块、西一块，轮胎里的砖头更是东倒西歪。面对这样的状况，孩子们十分难过，这样的小路还能走吗？我们试着走走，可是，杂乱的砖头已经没办法踩下去了，人走在边缘上还差点摔了一跤！“这可怎么办？要是弟弟、妹妹们摔跤了可就麻烦了！”紫漠着急地说道。“那我们把路修一下吧！”二宝提议说。

被破坏的小路

走在被破坏的小路上

2. 反思——调整策略

“上次的路为什么会变成这样呢？”老师引导孩子们进行反思。经过讨论，孩子们发现了以下几个需要调整的地方：

（1）假草坪上的砖头放在中间，人们走路时容易碰到，导致东倒西歪。要在假草坪上多铺些砖头路。

（2）轮胎里铺了两层砖头，容易移动。可以只放一层。

（3）轮胎不稳，可以将之前调查到的材料——木板架在轮胎上，变成木板桥。

（4）这条路走的人太多了，沙池里还有很多砖头，可以在旁边再铺一条砖头路。

我们的思考：如何引导幼儿自己发现小路的问题？

我们的指导：带幼儿直接感知、亲身体验，在观察和体验的过程中发现小路的问题，从而引发幼儿的思考。

（三）第三次活动（3月12日—3月15日）

1. 计划——分工安排

调整后的小路应该是什么样的？孩子们将两条小路共同绘制在一张总的设计图上，

并且自主选择，分成了“砖头施工队”和“轮胎施工队”。其中“砖头施工队”里又分“运输员”和“铺路员”；“轮胎施工队”中分为“木板工人”和“砖头工人”。分工安排好了，合作马上开始。

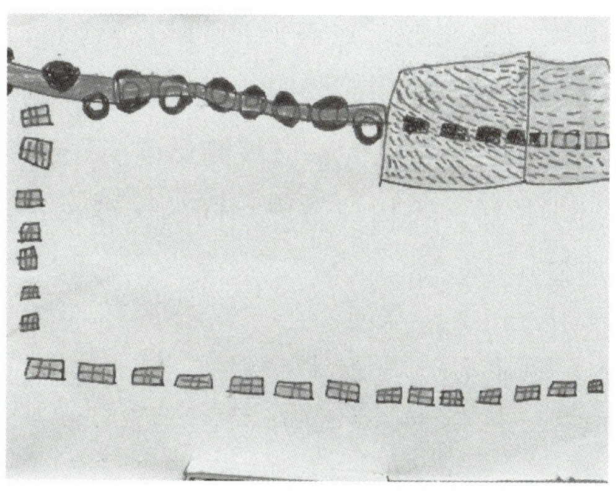
施工设计图

2. 工作——施工开始

（1）几块砖头是一组？

“砖头施工队”的“运输员”将“湿沙乐园”里多余的砖头运到了小路旁，“铺路员”开始铺起了砖头小路。看到他们将两块砖头并在一起为一组时，老师迈出步子，说：“我也来走走看吧！”老师刚伸出脚，豆豆就说：“老师，您的脚太大了！”“是我的脚太大了，还是你们的路太小了？”我微笑着问她。她马上又拿来砖头增加了一块砖，老师的一只脚也能放下了。这时，老师又伸出一只脚，也想踩在这组砖头上，于是她又搬来了三块砖，最后六块砖头变成了一组。

“运输员”搬运砖头

（2）两组砖头离多远？

“铺路员”三四个人一组，按照六块拼一起的方式，很快就将一整条“砖头路”铺好了。铺完后，孩子们主动提出要来走一走，刚走没几块，队伍就停滞不前了，原来，两组砖头离得太远了，没有办法再往前走了。这时，正好到午餐时间了，孩子们便带着这个遗憾回到班级。

吃完饭，孩子们迫不及待地进行了讨论，贝拉说：“两组砖头之间距离太大了，应该缩短一点。”“那你觉得要缩多短？”老师追问道。贝拉伸出手，随手比了个距离。很快引来了争议，浩浩说：“你觉得是这么短，别人觉得是那么短，每个人都不一样，这样我们的小路就难看了。”这时，礼芯站了起来，说：“我们可以测量一下，小朋友走一步有多长，然后把它画下来，大家照着铺路。”文博说：“可以拿一根班级里的树枝，用它来量一下多长，就像我们量植物宝宝那样！”老师又问：“测量哪个小朋友的步子比较合适？”有的孩子自告奋勇，让我们测量他的步子，浩浩说：“应该测量最小的小朋友，他都能走的话，其他人也能走。”于是，我们一起出发，去寻找最小的小朋友。

在小一班，我们找到了最小的孩子。我们请这个小朋友站在前面，跨出一步，再拿出一根树枝，放在她的脚边。这时，老师抛出问题："应该测量她脚的哪一个部分？是前脚尖到后脚跟，还是前脚跟到后脚尖？"孩子们纷纷表达了自己的想法，最后孩子们一致认为，应该测量前脚跟到后脚尖那一段不需要踩砖头的距离。他们标记出步长后，将树枝裁成相同的长度，并裁剪出很多一样长的树枝，"铺路员"们一边测量一边铺路。

铺设砖头

砖头离得太远，跨不过去了

重新铺好的小路

3. 回顾——再走小路

经历了三天的时间，小路又铺好啦！我们一起从上面走过，木板桥、轮胎路、砖头路都稳稳的。这时，正好一个小班经过这里，要从我们的小路上通过，哥哥、姐姐们站在旁边凝神屏气，仔细观察着弟弟、妹妹们的步伐，最终，弟弟、妹妹们也顺利通过小路，孩子们发出了兴奋的欢呼声！那么，过一段时间，我们的小路会不会又有新的问题出现呢？等着孩子们继续为我们解答吧。

弟弟、妹妹们顺利走过小路

成功的喜悦

我们的思考：如何铺一条新的路？遇到问题怎么办？

我们的指导：鼓励幼儿新的尝试，帮助幼儿进行分工，引导幼儿根据分工进行合作，在产生问题时教师适时介入，以同伴身份进行交流和指导。

三、活动反思

1. 幼儿的发展水平

幼儿在“铺路”的这一个过程中，能够根据自己的想法进行设计、根据自己的意愿选择分工、根据出现的情况进行调整，他们的潜能不断被挖掘，关键经验也有了新的生长。

（1）知识、技能方面。幼儿能够在调查的基础上，选择合适的废旧材料进行铺路。在铺路的过程中，能综合运用各种科学、数学知识进行活动。

（2）学习方式及社会性发展方面。幼儿能够制订计划，通过签字认领的方式进行分工，并围绕计划来铺路。在遇到问题时，幼儿会相互交流讨论，表达自己的看法，在相互协商中改进设计方案，尝试解决问题。活动结束后，幼儿能够完整地讲述活动的过程和内容，并在教师引导下反思总结铺路中存在的问题。在这个过程中幼儿专注、坚持、反思的学习品质也得以呈现。

2. 教师的支持策略

“铺路”活动持续三周，从第一次的“失败”到第二次的“好像成功”，在这个过程中，无论是成功或者失败，教师都能大胆放手，鼓励幼儿去解决问题。

在两次铺路前，教师都有意识地引导幼儿做设计图、分工图等计划。计划可以让幼儿作为独立的个体做出决定，形成初步的分工，促成稳定的合作行为，同时，他们学会了表达，也学会了倾听和接受别人的意见。我们通过观察幼儿活动，获得了理解和判断幼儿发展水平与思维方式的信息，从而鼓励和回应幼儿的想法，给出合理的建议，促进幼儿主动学习。随着活动的开展，我们又将关注点转向幼儿如何收集信息、如何与同伴互动、如何解决问题，然后在适当时机进行引导，激发和扩展铺路活动。铺路活动暂时告一段落，但是，这条路可能还会有新的问题，教师应该继续支持幼儿进行深入探究，相信孩子们会有更大的收获！

益智区：百变线绳

苏州市公园路幼儿园

一、活动背景

这学期开学，老师在美工区投放了孩子们小班时没有使用过的材料——麻线。起初，孩子们并没有注意这种材料的存在，依然用自己熟悉的各种纸类和橡皮泥做自己喜欢的手工。在上个月的一天，喜欢美工的子高拿出了这一筐麻线，在手上玩玩弄弄，然后绕在了纸杯上。旁边的小朋友看到子高在玩麻线，也很好奇，纷纷围了过来。“老师，这个线怎么用啊?”小清看到老师在旁边，就提出了疑问。“你们可以讨论一下，应该怎么使用这个线。”于是在游戏后的讲评环节，老师特地讲到了这件事。刚才美工区的小朋友们都想讲一讲自己的想法。“这个线可以用来串珠珠!”“这个线可以用来把东西挂在教室里。”“这个线可以贴在我们的画上。”孩子们有很多的想法。“那么谁知道这是什么线呢?”老师提出问题。“毛线”“纸线”一时间孩子们七嘴八舌地讨论起来。最后老师告诉他们这叫作麻线，孩子们对此充满了好奇和疑问。“那么生活中还有哪些线呢?”有的说有缝衣服的线，有的说有打毛衣的线，有的说电话也有线。孩子们是如此兴奋，于是老师顺势说：“那我们一起研究一下生活中各种各样的线吧!”孩子们都兴奋地表示愿意。于是我们接下来开展了一系列关于线绳的研究，活动取名为“百变线绳”。

二、活动实施

在开始我们的益智研究前，老师问孩子们：“对于绳和线，你们想知道哪些问题呢？”于是，我们一起制作了一份调查表，列出了他们的问题：① 绳和线在哪里？② 有哪些绳和线？③ 这些绳和线有什么作用？于是我们的活动脉络便产生了。这是脉络中初步制定的一些活动，还有一些空白，等着和孩子们一同生成。

活动脉络图

（一）线绳在哪里

首先，当然是要找一找我们身边的线，先来看看教室里吧。

“美工区有线！”

“这个我们的挂牌上是用线挂的！”

“这个挂着的上面有线！”

“窗户外面有电线！”

“这个电视机这边有线！”

教室里有好多的线呢，那么接下来我们再去操场找一找。

“攀登架这个这里是线！”

“这个网也是线的！”

“大班的哥哥、姐姐在跳绳！”

“高跷的上面是绳子！”

操场上也有好多的线呀，除了我们找到的这些线，还有什么线呢？

“外婆织毛线！”

“荡秋千那个上面有线！”

“晾衣服用的绳子！”

教室里的线

操场上的线

孩子们纷纷说出了他们见过的线和绳。

孩子们对生活中神奇的“线绳”充满了好奇，探索的欲望更强了。虞永平教授说：“材料是引发孩子主动探索的要素之一。”看来我们有必要收集一下我们身边的线和绳了。首先是发动家长与孩子收集线绳，在收集整理的过程中孩子们再次发现并提出了问题。为什么有的线有毛，有的线没毛？什么叫麻线？为什么线有彩色的？为什么电线能通电？为什么有的线粗，有的线细？接下来，我们就要一起来探索、解决这些问题。

（二）各种各样的线和绳

小朋友们从家里带来了各种各样的线和绳，他们把线和绳杂乱无章地放在一起，实在是太乱了，怎么办呢？我们要给它们分类，开展一个“线绳展览会”。先请小朋友们来介绍一下自己带来的线吧。

线绳展览会

“我带的是长长的线，是缝衣服的那种。”

“我带的是可以包装带子，叫作彩带。”

“我带的线是可以扎头发的。”

“我带的是手机充电的充电线。”

孩子们迫不及待地给大家介绍着自己带来的线和绳。在老师的指导下，大家终于把这些线分好了，有毛线、棉线、彩带、丝带、鞋带、电线、麻线、牛皮筋、塑料线等。它们有什么不同呢？让我们来比较一下。

“这个毛线比棉线粗。”

“这个电线比较硬。”

“这个彩带是扁扁的。”

“它们都不一样长。”

“颜色都不一样。”

小朋友们比一比，量一量，原来这些线和绳的长短、颜色、粗细都不一样。

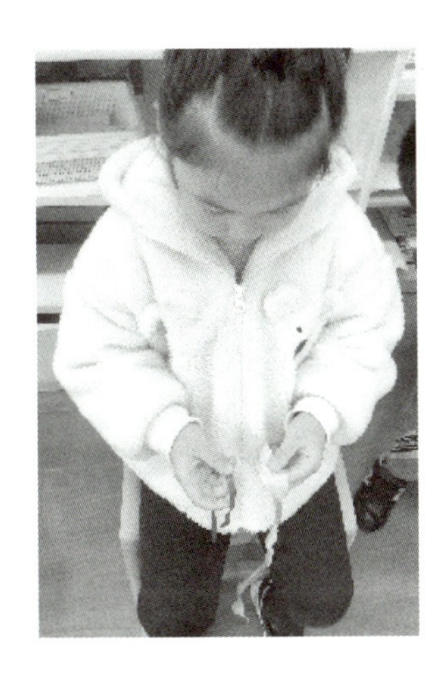

线绳大不同

除了小朋友们带来的这些线和绳，我们也可以自己画一画线条，那么有哪些形状的线条呢？有直线、虚线、波浪线、锯齿线、弹簧线、漩涡线等，看，一幅幅漂亮的线条画诞生了！

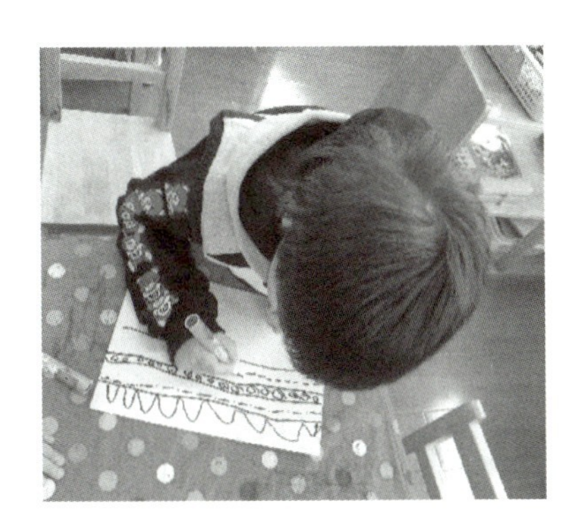

我的线条画

还可以在我们自己的身体上找一找线，看看我们的小手，会看到一条一条的纹路，手指上的叫作指纹，手掌里的叫作掌纹，每一个人的纹路都不一样哦。

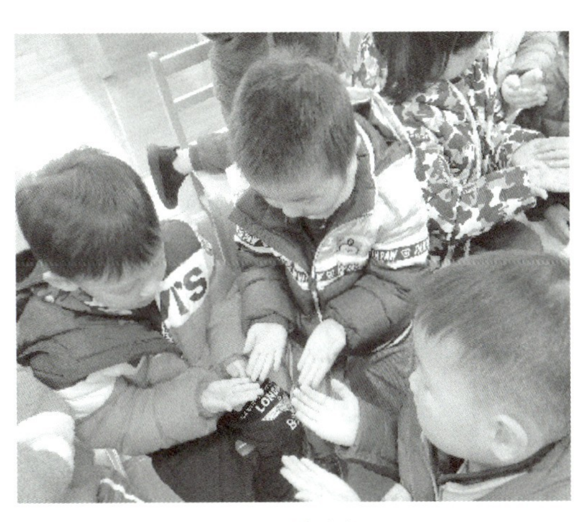

手上的线条

（三）线绳的用途

那么为什么这些不一样的线和绳都长得不一样，还有不一样的名字呢？因为它们都有自己的用途。毛线用来织毛衣，棉线用来缝衣服，彩带可以用来绑礼物，麻线可以用来挂东西。它们的用途真多啊！让我们一起欣赏一个绘本故事《咔嚓》，听一听这本书到底讲了什么故事。故事里有好多的线和绳，它们都有什么用途？

接下来请小朋友们带好各种各样的绳子，到操场上去，看看这些绳子能怎么玩吧。

"跳绳啦！"

"钻山洞！"

"我们来拔河吧！"

孩子们玩得真开心。

户外玩绳

看，这个叫作"提线木偶"，提线木偶戏可是我们中国古代一种重要的传统戏剧形式。提线木偶中的腿、手、肩和耳，以及脊骨底部都绑着线绳，叔叔阿姨从上空提线操纵木偶形体，在绳子的带动下，提线木偶几乎能模仿人和动物的所有动作，线的作用真是太大啦！

（四）区域生成

孩子们用线和绳做了好多探索，区域游戏里也开始了！传话筒诞生了，孩子们还自己开发了吹杯子的游戏。传话筒放到了娃娃家、小医院等，他们可以互相打电话了。线绳的世界真丰富！

手中玩绳

翻花绳

吹杯子

传声筒

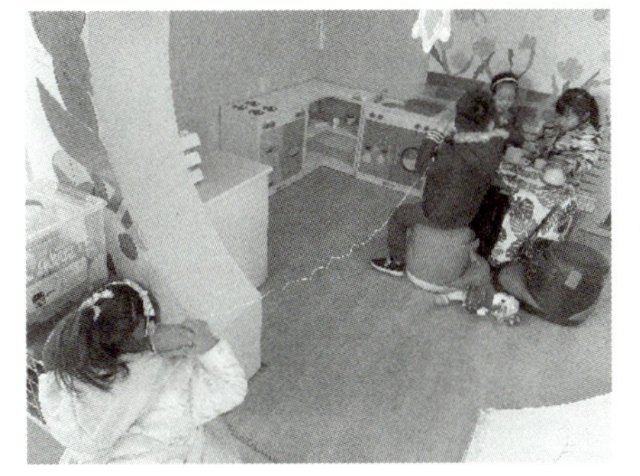

传声筒在“娃娃家”

三、活动反思

关于线绳的益智活动我们还在继续着。自从这个活动开展以来，孩子们每天都很高兴、满足。无“线”生机清晰地留下了孩子们获得经验的痕迹。他们收获的不仅是欢乐，还有在不知不觉中获得的多种能力与把绳线变废为宝的意识。现在，他们已经不会将毛线、空瓶子漠然地扔掉了。

本次益智活动的生成，因孩子的微小发现而起，由问题层层推进，孩子们一起研究生活中无处不在的线和绳，他们相互配合，相互鼓励，相互帮助。用开放敏锐的心去感受，用细腻的心去创作。在丰富的情境中，尽情享受研究、动脑、发现和创作的乐趣。

益智区：有趣的停车场

张家港市锦丰中心幼儿园

一、活动背景

在一次探究玩具发力的活动中，许多小朋友带来了玩具车。从孩子们头头是道的讨论中，老师能感受到他们对车的兴趣，平常不太活跃的幼儿甚至也踊跃加入。

《指南》指出：教师应善于发现幼儿感兴趣的事物、游戏和偶发事件中所隐含的教育价值，把握时机，积极引导。经过商讨，我们决定以教室里的绘本《前面还有什么车》《小红去送货》等为线索，探索车子的秘密，满足大家对车的好奇心和求知欲。

经历前期对汽车种类、结构、马路等方面的探究，孩子们逐渐将目光转移到停车

绘本《前面还有什么车》

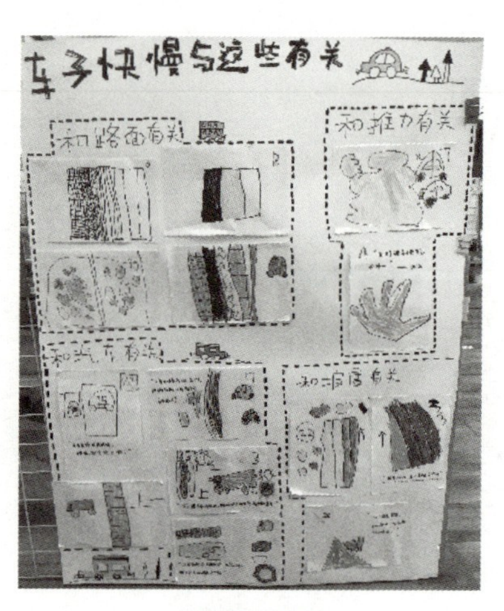

前期探究掠影

场。为了更好地成为幼儿学习活动的支持者、合作者和引导者，促进幼儿在游戏中学习与发展，我们通过谈话、绘画表征等方式，综合利用自然、社会资源，丰富幼儿对停车场的认知，促进幼儿经验的相互分享和共同提升。

二、活动实施

（一）基于生活经验的游戏：停车场的车位排列

生活经验是幼儿游戏的源泉，许多游戏畅想都来源于他们的实际体验和观察。几个孩子围在地上正在玩停车的游戏，有孩子提出停车需要一些线（车位线），而益智区的低结构材料恰好成为他们的首选。

游戏时间开始了，只见梦哲拿出小长条拼出几个车位，又去柜面拿了几辆汽车停在车位上。可是他发现大型工程车的车身很长，一个小车位无法容纳，于是他又在原有的车位线上连接了一根竖条，将车位变长，这才把车顺利地停进去。

师："下一步你准备干什么呢？"

梦哲："我需要搭一个很大的停车场。"于是他邀请好朋友加入了游戏。

不一会，老师上前询问："可以介绍一下你们的停车场吗？这像迷宫一样的场景是什么？"

幼儿的停车游戏

低结构材料

构建单排停车场

构建的停车场宛如迷宫

俊辰：“这是很多空的车位，因为还有车没来呢。”

师：“车从哪里开进去呢？”他们摇摇头。

师：“你们见过的停车场里，车位是怎么排列的？”

他们俩笑了起来：“是一个接一个的。”

师：“停车场只有一排车位吗？当第一排的车位停不下时，怎么办？”

俊辰：“可以再放一排。”

师：“那你们的车位可以排列得更整齐些吗？”

我们的思考：幼儿能联系生活经验，将大车和小车分类停放，针对大车有意识地延长车位，并且经过教师的提示和自己的观察思考，探索停车场的排列方式，将车位按序划分成两排。

他们将生活经验运用在游戏中，又在游戏中不断调整车位排列方式，还推动了全班小朋友加入停车场游戏中。

我们的指导：

（1）《指南》指出：要支持幼儿自发的观察活动，对其发现表示赞赏。除了游戏中对幼儿的肯定，我们还邀请他们在集体面前介绍搭车位的方法，为其他人的搭建提供参考，促进幼儿间的相互学习。

（2）为提升经验，我们共同观察大型停车场上的车位排列方式，幼儿发现车位排布整齐且每个位置上还有数字编号，基于此，老师提供了塑封的数字，供幼儿在下次游戏中进行车位编号的尝试。

构建双排停车场

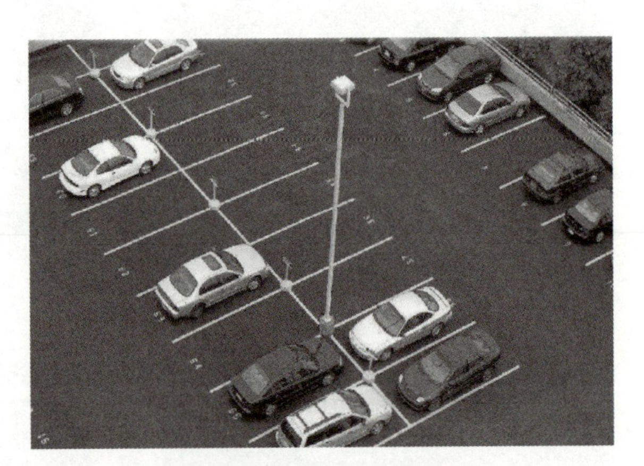

了解大型停车场车位排列方式

（二）在潜移默化中学习：停车场的车位编号

游戏时两个小朋友正在合作，他们用小长条铺了一横排，又依次摆放所有竖条，一排停车位就这样搭好了，接着他们又搭了两排停车位，邀请老师去参观。

得到老师的夸奖和肯定后，两个孩子露出得意的神色。

师："不过汽车很多时，有什么办法很快找到车位吗？"

俊辰："走之前记住它的位置就好了。"

盛辉："我知道，车位有数字的，对吗？"

只见他随机拿出数字放在车位里，一排排整齐的车位里面间或停着几辆车，每个车位里放着两三个数字作为车位号。

两个孩子介绍："这是我们今天搭的停车场，我们给每个位置都放了数字，这样汽车就能很快找到车位。"

幼儿为车位编号

师："你们的车位怎么编号？"

俊辰："就是把数字放进去呀。"

师："生活中的车位好像是按数字 1、2、3……这样编号的，你们的车位呢？"

俊辰："哎呀，这是假的停车场，我们随便放的（数字）！"

师："那你们可以挑战一下，把第一排车位按数字顺序排列吗？"

忙碌的身影继续着他们的探索，不一会，第一排车位已经按数字 1—9 的顺序整齐排列，而后面几排车位的数字依旧是混放的。有趣的是：第二、第三排的车位编号是由两个数字组成的，第四排的车位是由三个数字组成的。

我们的思考：

（1）幼儿在游戏中是自由自主的，他们在已有数学经验的基础上，按自己的想法进行车位排列。虽然他们对 10 以后的数字顺序不熟悉，但对数字由个位数逐渐增至两位数、三位数有所了解，有模糊的数量概念。

（2）幼儿在游戏过程中学会思考，尝试探索，并与伙伴一起合作，他们的动手能力、解决问题的能力及语言交往能力都得到了提高。

我们的指导：

《指南》指出：引导幼儿感知和体会生活中很多地方都用到数，关注周围与自己生活密切相关的数的信息，体会数可以代表不同意义。基于幼儿的观察，车位编号被引入停车场游戏中，而老师尝试结合中班幼儿的认知特点，引导他们进行 6 以内的数字排序挑战，在游戏中感知数的运用，增强幼儿的数理逻辑性。

（三）想象与创造：多层停车场与地下停车场

幼儿认识立体停车场

幼儿带来的汽车越来越多，游戏时停车场已经堆放不下，因此，催生了一场讨论：除了地面停车场，汽车还可以停放在哪里？

得到的回答是：可以停在马路边、小区里、地下车库。我们请家长带幼儿观察周围的停车场，又专门搜寻特殊停车场的视频、图片与幼儿一同观察，除了路面，汽车还会停在地下、高空，甚至还有移动停车场。

在不同的停车场停车，要遵循怎样的规则？有什么相同的注意事项？幼儿通过讨论与绘画表征分享自己的理解。

停车场的类型：地面停车场、立体停车场、地下停车场等；

停车场的排布：留有空隙、大小车位分开；

停车场的规则：按大小停车、停车位号码不重复。

有了这些理解，幼儿游戏内容更加丰富。这天，两个孩子铺好大马路，用小长条搭建停车位，在每个车位上放了数字充当车位号，又在车位上停了几辆车。

盛辉："我的停车场好了！这是我的马路，马路上有一些车在开，开到这里就停下，到下面的停车场去了。"

师："你是说地下停车库吗？"

盛辉："是呀，车开到下面，就可以停了。"

师："可你的地下车库看起来也在地面上，怎么代表在地下呢？"

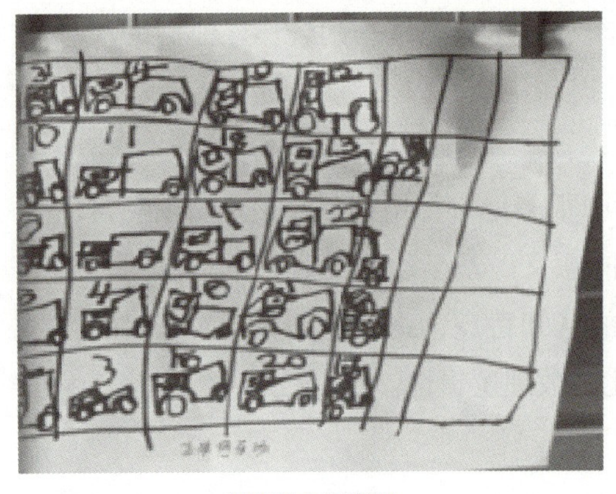
设计停车场类型

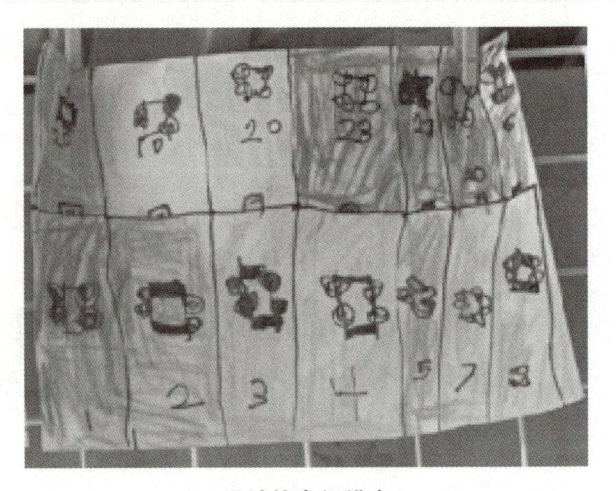

设计停车场排布

设计停车场规则

构建马路与停车场

他思考着。

师："地下停车场会有很多什么作为支撑？"

他眼睛一亮："对了，有很多柱子！"

师："哪里有柱子可以用呢？"

盛辉很快就从建构区借积木构建地下停车场，又从教室里搜寻了牛奶盒构建立体停车场……后期幼儿还自行寻找魔尺模拟隧道，构建沪苏通大桥，进行游戏。

构建立体停车场

构建沪苏通大桥、隧道

我们的思考：

（1）幼儿的游戏经验不断丰富，构建过程从犹豫不决到熟练有序，介绍语言从简单平白到侃侃而谈，都代表着幼儿技能的成熟和思考的完善。

（2）幼儿会思考游戏需要的材料，并主动在教室寻找，成功构建停车场带来的成就感，促使着幼儿在游戏中的主动性提升。

我们的指导：

（1）我们借助家长资源带幼儿寻找、观察不同的停车场，所以幼儿能将见过的地

下车库、立体停车场等迁移到游戏中，尝试寻找教室里的材料丰富游戏内容。

（2）根据游戏需求收集牛奶盒等物品，提供多种低结构材料，推动停车场游戏高质量进行。

（四）源于游戏回归生活：教室里的停车场

游戏结束后，汽车堆满柜面，新材料没有地方投放怎么办？有了前期游戏的经验，幼儿提出许多解决办法。

艺泽："把它们收掉一点，或者放点车子到地上去！"

梦瑶："大的和大的放一起，小的和小的放一起。"

思凡："在教室里搭一个停车场呀！"

孩子们最终决定在教室门口搭建一个停车场：把大型车停在地上，但车位仍然不够，又在墙面上搭建立体停车场，停放小汽车。

无处安放的汽车

教室里的停车场

我们的思考：游戏源于生活、寓于生活、用于生活。停车场游戏催生了幼儿的思考，又在幼儿遇到生活实际问题时，帮助他们用游戏思维解决问题。他们在汽车分类整理、有序摆放的过程中，无形中观察着车位的大小和纵深，进行实践、比较和判断，从而提升了观察能力和秩序感。

三、活动反思

1. 观察与引导

善于观察幼儿在游戏中的兴趣点。幼儿在游戏中有成功体验或遇到困难邀请教师时，教师通过蹲下来与孩子交流、有意识地观察，发现游戏中的孩子有很多独特的想法以及惊人的创造力和领悟力。教师根据幼儿的兴趣点进行引导，才能促进幼儿在游戏中学习和思考。

适时指导应尊重幼儿的想法。建立和谐的师幼关系能拉近教师和幼儿的距离，更好地了解幼儿的想法。但幼儿在游戏中遇到问题时，教师无需一步到位代替幼儿解决，而应通过集体讨论和学习、亲子调查，让幼儿自行在观察过程中寻找问题的答案，这样才更有助于提升幼儿的思考能力。

2. 放手与支持

激发幼儿的科学探究欲望。幼儿科学学习的核心是激发探究欲望，培养探究能力。构建停车场的过程中，幼儿通过观察、比较、操作等方法，不断地发现、分析和解决问题，不断积累经验并运用于生活实践中，在游戏的推进中获得了有效的学习方法。

支持不同能力水平的幼儿进行探索。《指南》提出，要尊重幼儿发展的个体差异，在停车场游戏中，针对一些领悟力强、对规则和秩序敏感，且创造力较强的幼儿，教师通过语言引导就能给予启发；对能力稍弱的幼儿，请有经验的小朋友帮助同伴，远比教师语言提示的效果好。遵循幼儿发展规律，方能支持每个幼儿从原有水平向更高水平发展。

语言区：有趣的信

苏州工业园区新城花园小学附属幼儿园

一、活动背景

书信，曾经是人们交流情感的重要方式。但当今社会电子通信发达，电话、视频、语音就可以在第一时间传递信息，因而，人们写信的机会越来越少了。《指南》在语言领域提出了“具有书面表达的愿望和初步技能”的目标，因此，兰兰小朋友带来的《风吹来一封信》绘本不仅带给同伴一个好听的故事，而且激发了幼儿对“一封信”的浓厚兴趣，在《指南》精神的引领下，“有趣的信”活动应运而生。

《指南》中明确指出：支持幼儿在接触自然、生活事物和现象中积累有益的直接经验和感性认识。当幼儿对信产生兴趣时，教师敏锐地意识到这就是现成的、可以生发的教育资源。教师从中班幼儿的年龄特点、认知水平与发展需要出发，鼓励与支持幼儿一起参与画信环境的创设，充分发挥幼儿创设环境的自主性，努力创设幼儿乐于与之互动对话的环境。

二、活动实施

“信”对于幼儿来说是一位非常陌生的朋友，为满足幼儿的好奇心，师生共同展开了“什么是信”的调查，此外还开展了寻找寄信的邮筒、设计独一无二的邮票、寄信等活动。在讨论怎么写信、怎么寄信的过程中，孩子们都能够积极表达自己的想法，但与此同时，也产生了不少问题。

寻找邮筒

寄信

设计邮票

（一）从幼儿兴趣出发——支持幼儿画信读信活动的思考

1. 画信替代写信

幼儿对于“信”非常有兴趣，他们表示：虽然自己小，还不会写字，但可以用画的方式来写信。为支持幼儿自主产生的画信活动，教师将语言区改建成书吧与邮局，并提供了信纸、笔、信封等写信、寄信工具。丰富多彩的环境创设激发了幼儿画信的热情，只见他们安静地画着自己的信，在寄信前，都想把自己信里面的内容分享给大家。

语言区画信

2. 互相分享信件

教育来源于生活，用之于生活。基于幼儿愿意与同伴分享信件内容的兴趣，我们开展了一次读信活动。在活动中，每一个幼儿都能积极举手，想成为分享者，教师也捕捉到幼儿这一兴趣点，在每天的午餐前，开展“温暖的信”分享会。虽然幼儿在与同伴书信交流的过程中感受到读信的乐趣，但是每次分享会最多只让三位儿童分享信件，这是因为共读信件时间过长会让其余幼儿等待时间过长，有的幼儿参与分享会时注意力难以持续集中。

幼儿的信件

我们的思考：对于画信，幼儿是认真的；对于分享信，幼儿也是认真的，那么怎么样让聆听者也一样认真地听完信呢？

幼儿画信时很认真，有一封信画了三张纸。当轮到他们在“温暖的信”分享会分享时，在看着画面读信时，他们表现出喜悦、担忧等情绪：如有的幼儿怕同伴不理解自己的信，反复补充说明，几乎每封信都需要读较长时间。当幼儿全身心投入读信时，教师应该满足幼儿表达的需求，不能随意干预与叫停；但过长的读信时间导致被分享者不再认真聆听，这也直接影响了正在读信幼儿的积极性。

我们的指导：我们组织幼儿讨论，共同商议后决定弹性安排一日作息时间，将共读信件时间穿插在各项活动中，这样，每个幼儿都有机会读信了。而且结合邮政规定，信写完后，要能塞进一个信封，如果想写的内容太多，信过长，只能分成两封信了。

（二）从信的规则出发——尊重幼儿信件私密性的思考

1. 信件有私密性

一天，强强写了一封信，他不想分享，于是便将信悄悄地塞入了信封，但被眼尖的小朋友发现了。在分享会上，有小朋友提出要求他分享信的内容，强强涨红着小脸，很为难。文文说：“如果你不分享，以后，我们的信也不分享给你听。”听到这句话，强强的表情更不自然了，几乎要哭了。

我们的思考：在生活中，信件具有私密属性的特征。但中班幼儿还不了解“私密性”，因此，他们对每一个同伴的信都具有极强的好奇心，这两者之间如何平衡考验着教师的专业性。

我们的指导： 教师及时介入进行引导，对于“私密性”进行深入浅出的解释，让幼儿明白，如果信的主人不愿别人看自己的信，我们应该尊重他不分享的选择，并将这条要求定为读信活动的规则。

2. 给爸爸、妈妈写“去春游的一封信”

教师结合园内正在开展的环保主题，组织开展了以环保小卫士的名义给爸爸、妈妈“写”“去春游的一封信”。可是近期幼儿园并不组织集体春游活动，于是，幼儿展开了想象，并把自己的想法写在信中——想和哪些好朋友一起去玩？最想去什么地方玩？需要准备些什么？如何保护环境？孩子们将自己的信捎给了家长，家长也热情地给予回信。

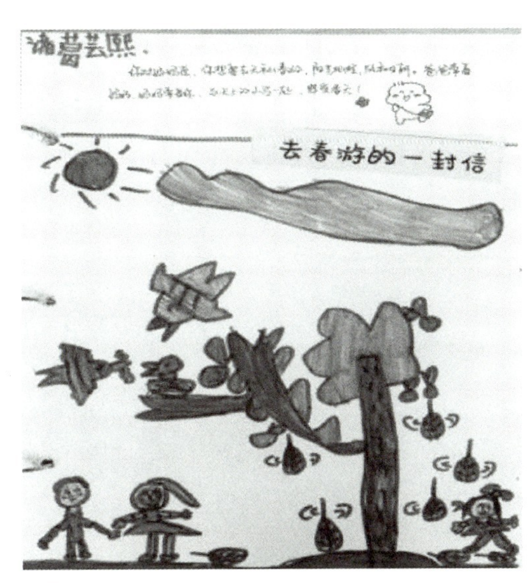

给爸爸、妈妈写信

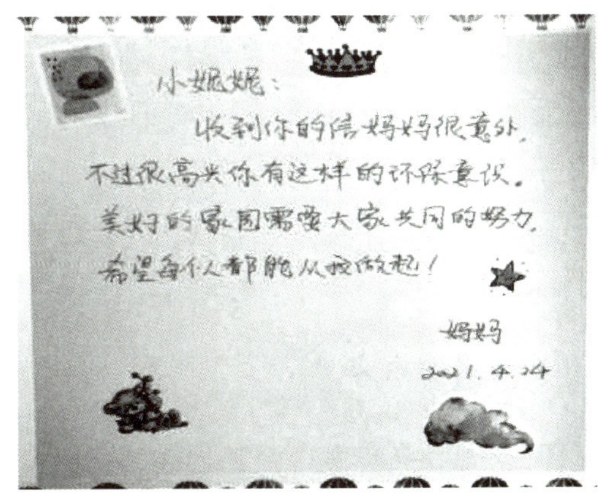

小妮妮：

收到你的信妈妈很意外，不过很高兴你有这样的环保意识。美好的家园需要大家共同的努力，希望每个人都能从我做起！

妈妈

2021.4.24

楚楚：

很高兴收到你的信，为了保护好我们的地球，有一个良好的生活环境，我们一起从身边的小事做起吧！

妈妈

2021.4.9

家长的回信

我们的思考：“去春游的一封信”满足了幼儿对春游活动的畅想，以及作为环保小卫士对保护地球的热情，家长给他们回信让幼儿感受到了回应。家长的回信是重要的教育资源，教师要好好利用它们，为幼儿更好地创设“写信”、保存信件的环境，并了解“读信”礼仪，不断推进活动的进程。

我们的指导：师生再次通过讨论，一致认为，信件属于私人物品，因此，读信前要向信件拥有者确认是否愿意分享，如果愿意，再进行读信活动。此外随着幼儿私人信件的增多，幼儿提出将原先设置在语言区的邮局扩大，把教室内的置物柜改造成私人小信箱，在进行角色游戏时可以开展邮局游戏，满足幼儿自发游戏的需要。

3.“时光邮局”中的私人小信箱

听到可以玩邮局的游戏，幼儿乐开了怀，他们纷纷请缨，共同参与邮局环境的创设。师生一齐动手清理置物柜，合力将它搬到商量好的位置后，幼儿用彩色笔装饰设计姓名卡片，依次张贴在柜面上，不久，置物柜焕然一新，成了一只只私人小信箱，就这样，全班幼儿都拥有了属于自己的私密小信箱，他们将邮局取名为“时光邮局”。

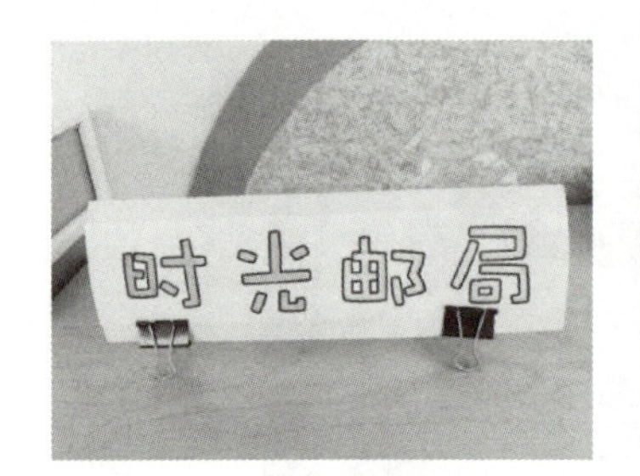

“时光邮局”标牌

设计姓名卡片

私密小信箱

我们的思考：对于建立“时光邮局”的提议，是孩子们新经验内化的表现。在孩子们强烈的表达愿望下，老师给予了肯定与支持，通过同伴间的“写”信，进一步丰富孩子们的经验，提高孩子们的情感表达能力，为他们的童年生活留下美好回忆。

我们的指导：邮箱便于信件的整理和收纳，保护了每个幼儿信件的私密性，真正体现了孩子是活动的主人。教师在活动中引导每个幼儿在做中学，充分利用好自己的小信箱，保管好自己的信件。

（三）从幼儿问题出发——自主探究私人信件管理的思考

师生共创了写信环境和时光邮局，教师将照片与视频同步发送至家长群，家长非常赞赏这个活动，写信、回信、再写信、再回信，家园对“画信”活动的兴趣始终不减，活动不断推进、延伸。于是，信件越来越多。

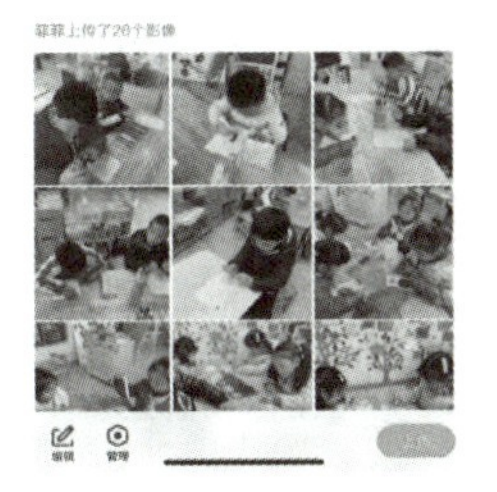

家长群相册

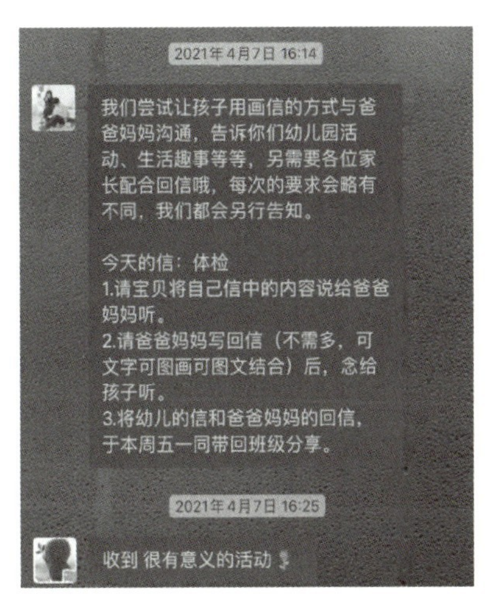

家长赞赏画信活动

一天，淘淘想从自己的私人信箱里找到之前妈妈的回信，可是信箱里的信实在太多了，几十封信件让他如同大海捞针。他翻呀翻，找呀找，可是他需要的信还是没找到。“信太多了，我找不到信了。每封信我都舍不得扔，怎么办啊？”淘淘跑向老师，他牵着老师的手，向老师发出了求助信号。

我们的思考：当中班幼儿遇到问题时，他们自然而然地想到求助于老师。老师也从淘淘“每封信我都舍不得扔”的话语中听到了幼儿对信件的珍视，因为信件中承载着爸爸、妈妈对他的关心与爱护，这份浓浓的亲情也让老师感动。是的，“信”已成了亲情的新纽带。

我们的指导：教师接到幼儿抛来的问题，决定组织第三场师幼讨论，集中师生的智慧，共同解决“大海捞针”式的找信件问题。我们请淘淘将他遇到的问题告诉了大家，然后师生展开了讨论。孩子们认为：可以利用“儿童记录本”来进行前期信件的收纳和整理，近期的信件还是放置在邮箱内。于是我们尊重孩子的意愿，向园方申请购买儿童记录本，以多种方式呈现家园画信互动的有效性。

儿童记录本封面

儿童记录本个人介绍页面

贴信页面

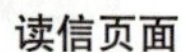
读信页面

家长回信页面

三、活动反思

激发幼儿智慧：虽然孩子仅仅是中班年龄，但小小脑袋里有不少智慧，面对信件多的问题，幼儿想到了设立私人信箱，想到了创设邮局，自发生成了邮局的游戏，还会将“儿童记录本”的已有经验运用到信件整理活动中。

支持儿童发展：教师在活动中不断观察幼儿，创设讨论的平台，根据中班年龄特点及幼儿的兴趣投放“画信”的材料，在丰富、延伸幼儿的语言、阅读兴趣、习惯与能力的同时，注重幼儿的个体差异，满足他们的不同需求，为幼儿想象力、创造力的发挥和发展创设良好的环境，最大限度支持幼儿的发展。

创学习共同体：通过“画信”活动，幼儿学会用简单的图案、符号与文字记录下自己想要表达的内容；通过读信活动，幼儿了解了“私密性”，遵守有关信件的礼仪；幼儿学会管理自己的信箱，整个活动成为师幼学习共同体，教师与幼儿共同学习，共同进步。

赢得家园合力：在活动中，教师激发家长以“回信”的形式参与到幼儿的活动中，亲人间的信件往来，深化了活动，增进了亲情。

在“有趣的信”语言区衍生活动中，我们以儿童的发展为基本出发点，在支持儿童兴趣、顺应儿童发展的基础上，帮助儿童获得与生活相契合的经验，让幼儿在活动中发展其潜能。幼儿通过活动，感受到了“信”的有趣，感受到了信件传递而来的亲情与友情，更从古今信件传递方式的对比中感受到了时代的进步。

语言区：听，昆虫演说“绘”

苏州市相城区蠡口中心幼儿园

一、活动背景

孩子们喜欢动物，他们不仅对身边常见的动物感兴趣，还对从其他途径了解到的动物产生强烈的探究愿望。在户外游戏中，孩子们对草地上的虫子产生了兴趣，他们围在一起讨论着“这是什么虫”“我在哪里也见过”，孩子们讨论得热火朝天，我们以此为契机，抓住了孩子的兴趣点。一只小小的虫子，引发了孩子们对昆虫的探秘。孩子们用充满好奇的眼睛去观望，用充满灵性的耳朵去聆听，激发了探索的欲望。

二、活动实施

（一）寻寻觅觅——有所读

“昆虫有哪些？什么样的虫才是昆虫呢？”孩子们你一句我一句地讨论了起来，最终也没有确定答案，于是他们又来问老师。《指南》中指出：当幼儿遇到感兴趣的事物或问题时，和他一起查阅图书资料，让他感受图书的作用，体会通过阅读获取信息的乐趣。于是我们决定收集关于昆虫的书籍，孩子们一起去书香苑借阅了关于昆虫的书籍，孩子们又和爸爸、妈妈收集了自己喜欢的昆虫书本投放在语言区中。在语言区中，孩子们会通过自主阅读的方式，翻阅自己喜欢的昆虫故事书。为了激发幼儿的阅读兴趣，我们还采用集体阅读的方式，经常利用午饭后、睡觉前的时间与幼儿讲一讲昆虫的故事。同时采用图书漂流的活动进行亲子阅读，孩子们通过爸爸、妈妈的讲述，了解了更多关于昆虫的知识。

阅读区环境创设

昆虫绘本收集

幼儿自主阅读

集体阅读《蝴蝶的大餐》

亲子阅读《蜻蜓日记》

（二）侧耳倾听——有所听

3～6岁，正是儿童语言模仿的敏感期。孩子通过什么来模仿呢？正是通过他所听到的内容，为此，在读的基础上我们加入了手机、天猫精灵、音频播放机等辅助工具让孩子有更多听的机会，孩子们在听的过程中了解了昆虫的相关知识。而且在听的过程中孩子们有了文字的输入，这比孩子单纯“看”书要更能刺激语言表达。教师和亲子还提供录音，放入U盘，制作成二维码，幼儿用手机扫码，同伴之间可以相互倾听。除此之外，我们还设计了视听笔记，让孩子们带着任务去听，如你最喜欢的角色是什么，对这个故事的喜爱程度如何，孩子逐项进行了记录。

听说区域环境创设

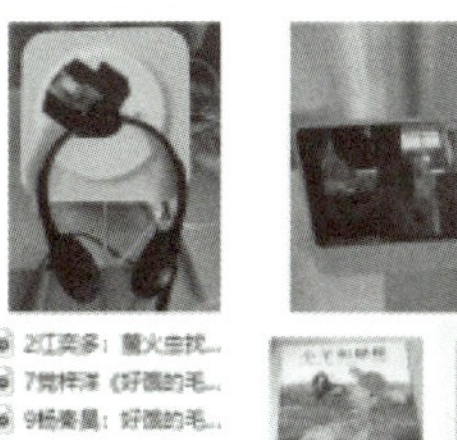

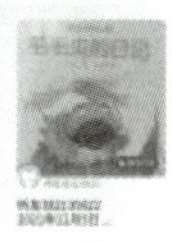

听故事设备和音频二维码

听故事并记录

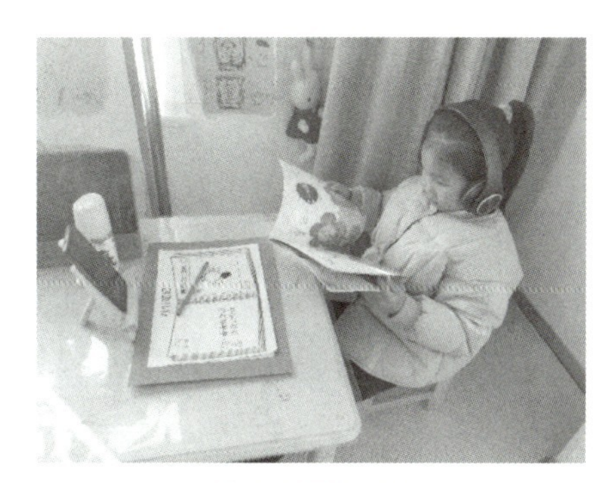

手机扫码听故事

（三）有声有色——有所说

幼儿的自主讲述不一定要局限于当下，幼儿的表达能力也需要积累的过程，所以在语言区中，教师对幼儿的表达也给予一定的支持。在熟悉故事的基础上，教师提供故事情景墙等材料，让孩子们自己将感兴趣的昆虫和小动物画下来，制作成图卡，然后自主讲述。也可以自己戴上头饰，扮演故事中的角色。同时我们安放了秘密小屋，在小屋内放置了平板电脑，孩子们可以将自己知道的昆虫秘密、昆虫故事内容录在平板电脑中，和大家一起分享。这样既锻炼了幼儿的创造能力和表达能力，又培养了幼儿的自信心，让幼儿在相互交流、讨论、演绎的过程中锻炼语言表达，同时加深对昆虫的理解和认识。

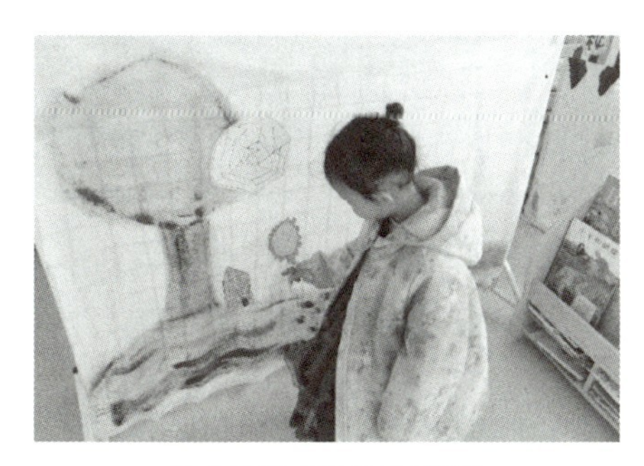

故事演绎《营救小蝴蝶》

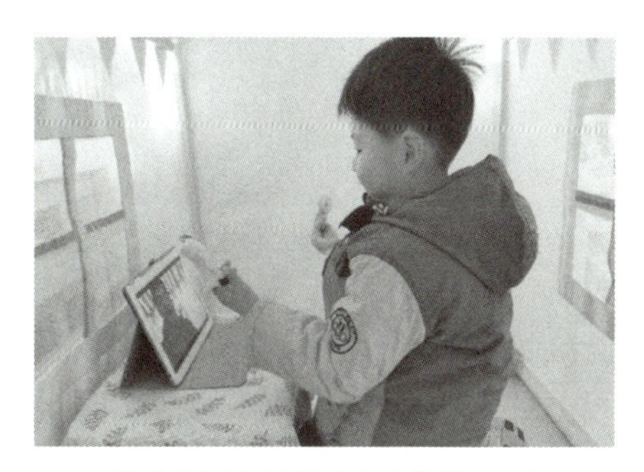

秘密小屋内录制《小蜜蜂的一天》

（四）笔下生花——有所思

《指南》指出：鼓励和支持幼儿自编故事，并为自编的故事配上图画，制成图画书。结合中班幼儿年龄特点，幼儿可以通过绘画来体现自己对图书的理解。在参与了集体活动“小蚱蜢”后，孩子们对于蚱蜢接下来会发生什么有了很多的想法，我们抓住契机，鼓励幼儿在语言区将自己的续编故事画下来。于是孩子们大胆推测、想象故事情节的发展，大胆续编故事，进行自制图书的活动。针对能力弱的孩子，我们鼓励他画一个页面，让其他孩子一起补充，通过故事接龙的方式将画面连接起来，让每一个小朋友都能参与其中。孩子们还可以通过录音的方式将自己的故事说出来给小伙伴们听，小伙伴们进行投票，选出自己喜欢的故事。这样的活动使不同能力的幼儿都能参与到自制图书的过程中，使每一个孩子都能有所想、有所思，综合发展了孩子们的语言表达和逻辑思维能力。

续编故事《小蚱蜢学跳高》

讲述续编的故事

为《小蚱蜢学跳高后续》投票

幼儿自制昆虫图书

昆虫的主题活动始于幼儿兴趣，通过听、说、读、写等丰富的语言区活动，发展交流和思维的能力、人际交往能力、组织自己思想的能力。既满足了中班幼儿身心健康发展的需要，也满足了幼儿的好奇心，充分激发幼儿的表现欲，丰富其语言表达能力。

（五）情景脉络图

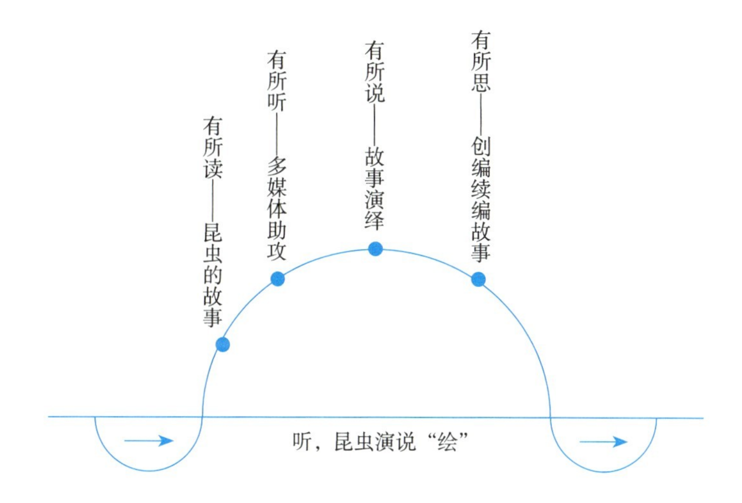

（六）幼儿核心经验梳理

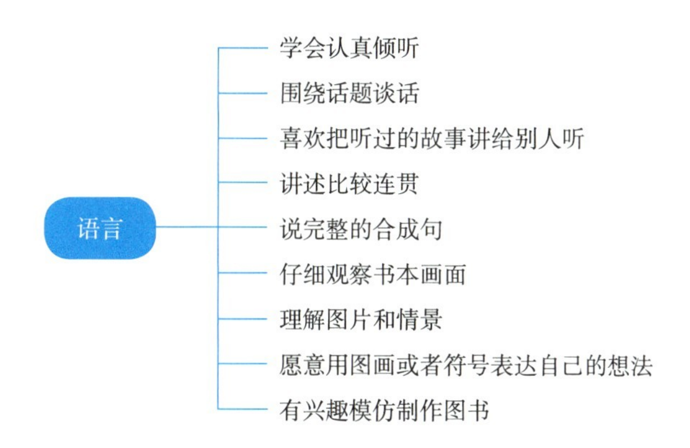

三、活动反思

在这一系列活动中教师给予的支持是必不可少的：通过师幼共同收集为幼儿提供丰富、适宜的书籍让幼儿有所读；通过师幼、亲子共读给予了幼儿“读”方面的支撑；教师为幼儿提供多元的倾听方式，如加入多媒体、录音等形式让幼儿有所“听”，以任务驱动的形式帮助幼儿更好地倾听理解，促进幼儿深度学习。《指南》中提到幼儿的语言能力是在交流和运用的过程中发展起来的。因此，老师在这里为幼儿创设了自由、宽松的语言交往环境，让幼儿想说、敢说、喜欢说。通过在幕布上演绎故事，让幼儿有了语言输出，即“说”的机会。“写”在语言区中表征的作用很大，它可以在很大程度上帮助老师不在现场时依旧获得语言区的信息。所以结合幼儿年龄特点，教师提供了绘制图片作为支持，帮助幼儿在此基础上尝试用图片和符号记录自己看到的、听到的、喜欢的内容，最后鼓励幼儿在理解故事的情况下进行创编、续编，发挥想象力和创造力画出故事内容，有了完整的听、说、读、写经验。

对于昆虫的探秘当然不仅仅在于语言区，我们还将不同类型的书投放在班级的各个区域中。绘本《蜘蛛建筑师》中的搭建，让孩子们在建构区可以参考模仿；美工区《昆虫捉迷藏》等系列书本中的场景为孩子们提供了一幅幅美丽、生动的参考图；科学区中投入的《昆虫的奥秘》让孩子们在遇到问题后学会翻阅书本寻找答案。

孩子们的语言表达体现在幼儿园的一日生活中的各个环节，我们以语言区为出发点，从孩子们的兴趣出发，让他们愿意参与到听、说、读、写的各个活动中来，最终达到促进幼儿的语言表达能力及各方面能力全面发展的目的。

大班篇

建构区：遇见园林，遇见美

苏州工业园区新城花园小学附属幼儿园

一、活动背景

游戏是幼儿在幼儿园的活动之一，建构游戏在众多的游戏类型中脱颖而出，深受广大幼儿的喜欢。结合主题，我们开展了丰富的课程。在“哇，是九曲桥”活动中，孩子们通过观察桥的形态，不断尝试，搭建富有苏州特色的桥；在“苏州的塔”活动中，孩子们分工合作，在堆、叠、拆、搭的过程中不断地发现、实验、体会许多空间和数理概念，建构出造型不一、独具特色的苏州的塔。

建构游戏不仅能丰富幼儿的感知和主观体验，发展幼儿的动手能力和建构技能，还能使他们学会分享与合作，尝试开拓与创新，体验成功与挫折，从而实现和谐全面发展。

二、活动实施

吴文化特色教育是新城幼儿园的园本特色，吴地文化博大精深，结合大班“苏州园林”的吴文化主题活动，我们从幼儿园的课程内容出发，在帮助幼儿走进苏州园林的基础上，让幼儿在遇见园林、感受园林、了解园林等系列活动中，发现苏州园林的美丽，为自己是小小苏州人而自豪。

（一）从幼儿经验出发——建构初的探究思考

1. 主题内容奠基础

结合“苏州园林”主题课程内容，我们班级开展了很多有趣的吴文化活动。在健康活动“趣玩苏州桥”中，孩子们用轮胎、水瓶等材料自由组合、连接成苏州的九曲桥、石板桥后，进行体育锻炼游戏；在美术活动“花窗”中，孩子们通过欣赏，了解了花窗的特色，用纸条拼接及绘画等形式自己设计花窗，并布置成苏州特色的展板进行呈现。这些有趣的活动，在帮助孩子们了解苏州文化的同时，引发了他们对苏州园林浓浓的兴趣，孩子们围绕“好想去园林里看一看”的主题，热烈讨论着关于苏州园林的各种话题。

2. 亲身体味品园林

我们的思考：我们可以开展哪些活动，让孩子们愿意去亲身了解苏州园林风貌呢？

积累幼儿的生活经验，是开展建构游戏的必要条件，因为创作来源于生活又高于生活。因此我们利用秋游带孩子们走进苏州园林，就这样，孩子们开始了他们的园林小探险。他们看到了园林里独具特色的建筑；摸到了园林里各具形态的假山、树木；走访了园林里有年代感的小桥；在园林美丽的亭子里坐了坐……孩子们在亲身体验的同时，进一步了解了园林的风貌。

园林美景：九曲桥

园林美景：长廊

园林美景：假山

孩子们找了这么多的园林美景，那么真正吸引他们的是什么呢？怎样才能让孩子们把他们找到的、看到的展现出来呢？

城城特别激动地说：“我带来了我的园林图，这是我去园林探险时用图画记录下来的园林里的建筑……”他的话引起了其他孩子的兴趣，他们纷纷想把自己的发现用图画的方式记录下来，于是我们开始了“我眼中的园林”绘画活动。

（二）从幼儿的兴趣出发——建构前的探究设计

1. 园林设计共分享

活动 1：“我眼中的园林”绘画活动

园林里的塔

园林里的亭子

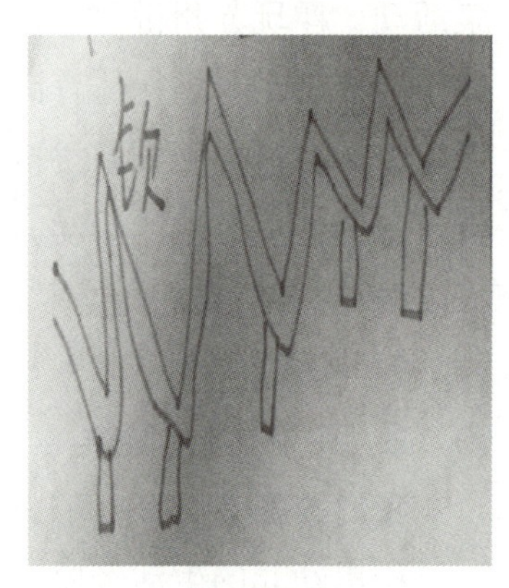

园林里的桥

在绘画中，孩子们加深了自己对园林建筑结构、框架的描摹，在互相欣赏中，丰富着自己对园林景色的印象。

我们的思考：通过孩子们的绘画作品，我们看到了苏州园林里一些建筑的影子，如亭子、九曲桥、塔，但是园林里仅仅有这些建筑吗？园林里还有些什么？

我们的指导：师幼一起搜集了很多苏州园林的图片，老师带孩子们一起欣赏，重点引导孩子们观察发现园林里除主要建筑外，还有花草、树木、石子路、花窗等，鼓励孩子们多角度、全方面地观察。

活动 2：“园林小景”绘画活动

这一次，孩子们纷纷握着油画棒“刷刷刷”地在白纸上绘画园林美景。现在出现在我们眼前的不再是单一的园林建筑，而是一幅幅美丽的园林景观，看着这一幅幅作品，大家仿佛真的被带入了苏州园林之中。

园林小景

我们的思考：孩子们对于苏州园林的整体概念有了进一步了解，属于我们自己的苏州园林又在哪里呢？“如果让你们来做一回园林设计师，设计最美的苏州园林，你们会怎么设计呢？”

我们的指导：孩子们对设计图纸是陌生的，我们鼓励孩子们在已有经验的基础上进行设想，就像建筑房屋之前需要设计师画图纸设计造型。接着“我是小小设计师”设计园林建筑规划图的活动就开始了。

活动3：“我是小小设计师”活动

孩子们根据自己设计的图纸，初次尝试设计园林建筑规划图。

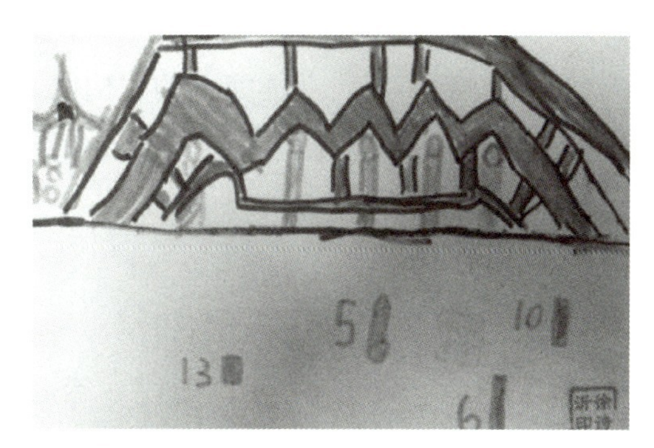

设计园林建筑规划图

孩子们设想着这些建筑的组成部分，有各种形状的零部件，还运用了简单的数字记录构成这些建筑零部件的数量。我们从引导孩子们绘画单个建筑物，到丰富园林景色，再到设计园林建筑规划图，最终帮助他们理解从整体到局部，以及搭建内容和建构框架的设计。

我们的思考：孩子们的设计图这么棒，我们该怎么把它呈现出来呢？

我们的指导：我们带领孩子们走出班级，户外建构园一定能满足这群小设计师和小建筑师的美好愿望！

2. 材料收集新利用

孩子们迫不及待想大显身手了。“可是要搭建苏州园林，光用积木好像不够吧！”这时候辰辰说：“老师，我们先想一想幼儿园里可用的材料吧。”于是，一群“小小建筑师”头碰头地商讨，把幼儿园可以用的材料画了出来。

我们的思考：我们可以用哪些材料来支持孩子们建构出苏州园林独有的特色呢？

我们的指导：利用家长资源，让家长和孩子们一起回收可再利用的废旧材料。孩子们有的将喝完的水瓶带来，在瓶中灌满水后，还加入了各种颜料，瓶子的颜色一下子就变得色彩缤纷，好看极了，孩子们说这些瓶子可以作为装饰；有的抱了好几个奶粉罐，说可以当作塔；有的拎了一打椰奶罐说可以作为桥上的围栏；有的拿了一个长条花束盒，说可以作为连接……大家齐心协力，一起为我们的户外搭建准备材料。

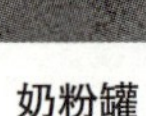

奶粉罐

彩色水瓶

椰奶罐

（三）从幼儿的实际出发——建构中的探究摸索

一个材料丰富、功能完善的建构区，能够吸引幼儿参与到建构活动中，尽情享受建构游戏。在苏州园林户外建构游戏中，孩子们又会发生哪些有趣的故事呢？

1. 园林搭建齐合作

镜头1：哇，是九曲桥！

合作完成九曲桥

“搭九曲桥的到我这边来集中！”格格似乎担当起了他们那一组的小组长，她开始给每个人分配任务，搭建工程就这么热火朝天地开始了。搭建过程中有小伙伴不小心碰掉了他们连接在轮胎中间的积木，只见格格将掉落的长条积木捡起，小心翼翼地架在两个轮胎之间，一边搭建还一边指挥着伙伴们，告诉他们要把材料放在哪里，并细心地调整、摆放积木。

我们的思考：大班幼儿已经具有一定的独立建造能力，活动中格格小朋友虽然非常能干，但是对于建构游戏来说，同伴间的沟通是非常重要的。

我们的指导：我们和孩子们一起商量，引导他们在搭建前共同商讨、自由分工，进行一定的设想和规划，完成搭建。例如，经过商讨后大家分工更明确，有的摆放轮胎位置，有的连接桥面，有的装饰围栏，组合形成一座完整的九曲桥。

镜头2：园林里的路出现了！

“我想在园林里搭一座宝塔。”憨憨说。“我和你一起搭吧。”城城说着就和憨憨一起搭了起来。只见他们选择了碳化积木，在每个洞中间插上木棒，并在空隙中安上PVC管，就这样两个人一起合作，一层一层往上搭。

“哇！你们搭得真棒！真是太厉害了！”亦亦看了兴奋得叫起来。“我们可以用积木把塔和九曲桥连起来，这样去园林里游玩的客人就都可以去参观了。”说完就用长条积木连接了起来。

我们的思考：孩子发现了建筑与建筑之间可以用积木连接，除了平铺连接，我们还可以引导他们用哪些方式来连接呢？

我们的指导：镜头中“连接”的设计，充分体现了孩子们丰富的生活经验，这为孩子们的游戏提供了基础。在这个环节中，我们还可以引导孩子们利用穿过、交叉连接等建构技能，将各建筑之间相互连接，搭建出园林里的路。

合作搭建

2. 园林景色巧呈现

（1）最初的搭建。

户外建构初次尝试其实也不尽如人意，孩子们搭建的物体与园林建筑还有一定的差距。比如孩子们选择建构材料时过于单一，搭建的建筑物太平面，不立体。

单一的积木搭建

平面的积木围拢

我们的思考：孩子们如何将丰富的材料用起来？搭的建筑怎么“立”起来呢？

我们的指导：引导孩子们将小积木一层一层垒高，穿插着进行架高等尝试，帮助孩子们加深立体概念，练习建构的技巧。

（2）积累经验后的搭建。

随着孩子们建构经验的丰富，孩子们建构的技巧与水平也有了大大的提升。

孩子们在搭建中社会交往能力迅速提高，他们有的出想法，做指挥；有的搬材料；有的搭建；有的连接。每个小组都井井有条地建构着，虽然各自搭建的内容不同，但最后能通过各处相连，组合成我们共同的苏州园林美景。

我们搭建的园林景观

我们的思考：在搭建完成主要的建筑后，我们还可以利用其他辅助材料做些什么呢？

我们的指导：可以引导孩子多种选材，如用辅助材料如彩色水瓶等进行装饰，用罐子作柱子搭建立体的塔、亭子等。

彩色水瓶装饰

立体的塔

三、活动反思

敏锐捕捉幼儿需求。活动中我们带幼儿亲身体验，积极构思，参与设计，丰富了他们对苏州园林建筑特色的认识。

恰当改造建构环境。我们从幼儿的视角创造宽松的活动环境，突破建构区域狭窄的空间，鼓励幼儿参与构思、讨论和材料准备。当孩子们遇到建构难题时，我们及时抓住教育契机，让他们懂得合作互补的重要性，积极地动脑筋想办法解决问题。

提升幼儿建构能力。建构游戏前我们组织幼儿展开讨论，让孩子们明确了建构主题，明确要搭建的建筑物具体在场地的什么位置，应该运用什么材料，如何分工合作等。这种有效的讨论，一方面丰富了幼儿搭建苏州园林的经验，另一方面也提高了孩子们建构游戏的目的性和计划性。

课程领域有机渗透。孩子们拥有充分的空间，他们的灵感火花被点燃，而教师不做过多干涉，却又能隐性地支持和互动，在“遇见”园林的时候，孩子们不仅发现美、观察美、表达美、创造美，更是体验到了巧手建构苏州园林所带来的无穷乐趣。

走近孩子，去观察，去思考，去发现，也许这是新课程改革呼唤我们追寻的方向，也是我们今后不断坚持、努力探索的方向。

建构区：我们的幼儿园

苏州市公园路幼儿园

一、活动背景

进入大班后，幼儿各方面能力飞速发展。面对外界信息，幼儿从被动感知阶段，逐步转换为思维发散阶段。新学期伊始，幼儿对新换的大班教室和户外活动区域都有极大的兴趣。路过一些游乐设施和校舍楼道时，熟悉的环境和共同的经验经常成为他们的谈资。作为幼儿园里的大哥哥、大姐姐，他们观察事物的方式从托小班的谨慎认知周边环境、关注自我，转变为敏感感知周边的事物变化，并主动探索答案。

在建构活动中，我们发现幼儿最近经常在乐高桌用积木自发搭建“幼儿园”，尝试将实际建筑物缩小成一定比例进行堆叠。通过多年在园生活成长的经验累积，幼儿们从种种素材中提炼内核，在日常活动经验中汲取感兴趣的内容，以自身所见所闻构成“我们的幼儿园”主题的丰富的游戏元素。基于此，“我们的幼儿园”主题建构活动就诞生了。

二、活动实施

1. 来自乐高桌的对话

幼 A：“我搭了一个幼儿园。”

幼 B：“幼儿园的滑滑梯在哪里？我喜欢滑滑梯！”

幼 C：“幼儿园还有玩沙池呢！”

师：“我们幼儿园里面还有些什么建筑呢？它们是什么样的呢？”

在几次小型的桌面搭建活动中，幼儿们对如何建构一个幼儿园有诸多“争议”。原来，不同的幼儿因为各自的关注点有限，在合作搭建中经常出现建筑单一、建筑分布零散、功能建筑出现缺失或者重复等问题。这让参与建构游戏的幼儿非常着急，每当游戏结束，幼儿就会围绕在老师旁边，叽叽喳喳地诉说建构幼儿园时的种种问题，希望能寻找出解决问题的办法。

乐高桌上的建构游戏

焦急诉说建构问题的幼儿们

我们的思考：如何支持幼儿更完整地建构“我们的幼儿园”，满足他们想要建构复杂建筑群体的愿望呢？我们开始了共同的实践与探究，“我们的幼儿园”主题建构活动也正式拉开了序幕。

2. 一起来讨论

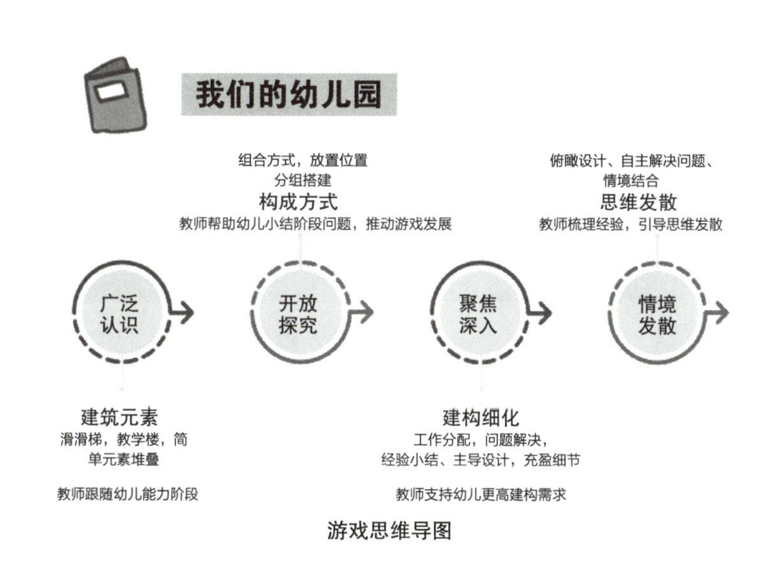

游戏思维导图

幼儿萌发了想要搭建幼儿园的愿望后，对于游戏的渴望与日俱增，日常关于搭建的话题量也逐渐多了起来。这天，一个孩子在晨间谈话时说起自己爸爸的职业是建筑

第一次团讨

师，每天都需要回家画建筑施工图。其他幼儿马上灵感乍现，提出要提早绘制建筑设计图，为搭建我们的幼儿园做好准备工作。小建筑师们摩拳擦掌，纷纷表示要做出最好的设计。

幼儿展开了热烈的讨论。在讨论中他们逐步梳理出幼儿园的整体布局、外形特征，形成较为全面、客观的认识。

随着讨论的深入，幼儿进行了第一次设计图绘制。问题也出现了，例如：幼儿在集体讨论后结论很丰富，他们描述了幼儿园的各种建筑物、设施元素等。但是到绘制的时候发现，没有考虑整体规划，画的都是个别建筑。

我们的思考：此时幼儿还没有出现整体设计的概念，个人设计呈现的是建筑个体元素或建筑的简单组合。这个阶段，幼儿的语言表述能力和设计能力出现巨大的断层，幼儿的生活经验不足以支撑幼儿的输出，和老师前期的预想也有很大不同。在直接抛出答案和停留在现有能力阶段，让幼儿自主探索两个选项中，我们选择跟随和支持幼儿现阶段的能力发展水平，在现阶段能力范围内让幼儿对现有的作品进行感知，为接下来的深入活动打下基础。

幼儿主导设计

我们的指导： 在幼儿绘制完成后，教师请幼儿互相欣赏评析作品。幼儿在集体讨论中敏锐地发现个人的设计图存在缺失或重复等问题。于是他们又进行了新一轮的讨论。在这次讨论中，幼儿为了平衡功能建筑物，进行了初步的分组分工，把幼儿园的建筑物大致分成了自然景观、建筑组、游乐运动设施组、外围组等几个组。同时小组中也分出了细致的分工。在讨论活动中幼儿自己想出了解决问题的办法：讨论在前、分工在后、合作绘制、协调组合，合作拼出一个能符合使用需求的幼儿园。

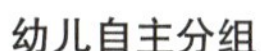

幼儿自主分组

建筑组

游乐运动设施组

3. 一起来探究

日夜盼望中，孩子们终于迎来了搭建日。幼儿们带着自己绘制的设计图在活动室中精心选址，组员在设计师的指挥下按图施工，干得热火朝天。他们兴奋地讨论各种积木的形状和用途，以小组为单位合作建构一个建筑。由于在建构前各组幼儿对建筑物的不同功能都进行了分配，这一回建筑功能重复或者缺失的问题没有在建构中出现。

第一次搭建设计图

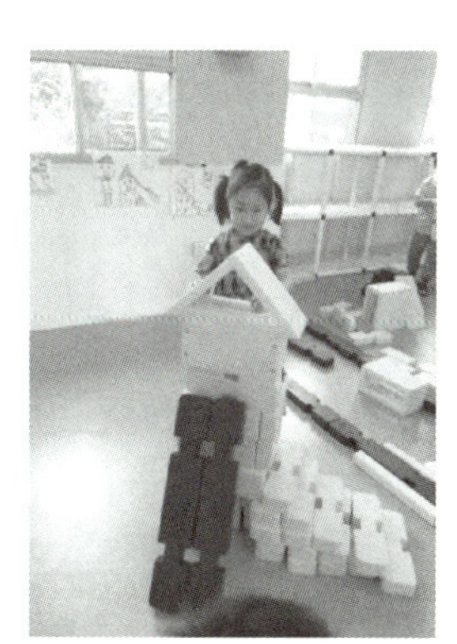

第一次搭建

幼儿们对于从平面设计图转变为立体建筑，欣喜不已。但是问题也在这个时候出现了，例如：已经完成搭建后，明天怎么玩？没有完成的建筑，怎么处理？想要搭新的建筑没有积木，怎么办？积木搭建总是倒塌，怎么处理？

在火热的建构现场，小组内的内部分工、小组的建构目标、积木的搭建技能、不同功能建筑的平衡布局、游戏时的各种规则细节问题，在我们共同的努力下，提上了新日程。

幼儿通过集体讨论解决了活动的各项细节问题，如对于建构活动中不同组别的速度问题，幼儿想出了搭建慢的小组可以去邀请速度快的小组帮助；对于先搭好无事可做的情况，幼儿想出了搭完后，使用设计图进行设计改编再建构的办法；对于已经搭建好的建筑物不满意，幼儿提出在建构前重新分组，交换不同的内容进行设计和建构；对于幼儿在搭建中有新的设计的想法，大家讨论认为，如果有后续建构变化，幼儿需要与之前的设计师进行协商，约定如果有修改应该在设计图上进行标注。

在搭建中幼儿给了我们很多惊喜，几组设计图和搭建的匹配度非常高，设计和搭建人员分工清晰，幼儿合作意识和遇到问题解决问题的主动性也在游戏中不断地增强。

第二次搭建建筑设计图

第二次搭建大树设计图

第二次搭建

第二次搭建大树实景

我们的思考：在建构的熟练度提高后，幼儿又产生了搭建新建筑的想法。于是，怎么分配积木才够一个小组使用，怎么在有限的时间内搭建，场地布置想要进一步调整，应如何做，又成了引导幼儿讨论的热点话题。

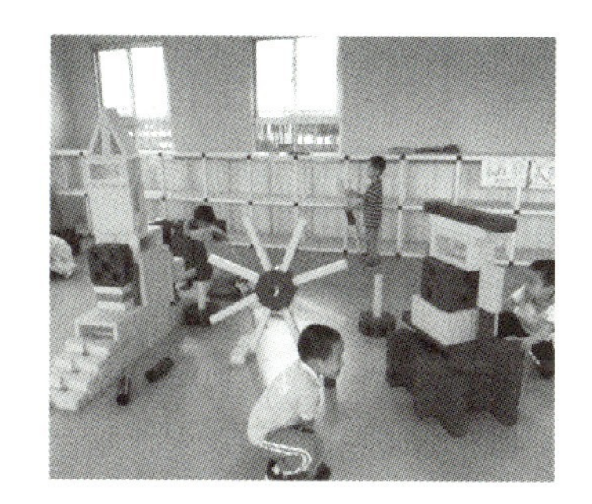

搭建现场

我们的指导：在这次游戏中有一个小组搭的建筑，受到了非常多幼儿的喜爱。原来，他们搭建的幼儿园大门、三层的楼房和我们幼儿园里面的建筑高度相似。教师引导幼儿结合生活经验，在游戏后的团讨中，讨论起了“像不像我们幼儿园”“我们幼儿园有没有这些建筑物”的话题。

4. 我们的幼儿园

幼儿转了一圈，又回到原点“我们的幼儿园”。但这个原点，的确和初期大有不同，此时的幼儿，已经拥有了丰富的搭建经验，对幼儿园的布局、功能、建筑物的元素也有了丰富的认识。

在实地调查前，幼儿共同制定了规则：以小组为单位一起活动；一边调查一边记录；调查时要走遍幼儿园的角角落落。

我们的幼儿园是怎么样的呢？幼儿园每幢楼的形状都一样吗？沙池究竟在幼儿园的哪个位置？大门是什么形状的呢？在幼儿七嘴八舌的讨论中，他们决定自己下楼去看一看，实地考察这些问题。“这里是小木屋，这里是通道，这是沙池。我刚从操场一路走过来，路过了大树攀爬架，你瞧，滑梯在这儿，操场在这里。”

在绘画环节中，幼儿发现画的图纸无法在方位上获得统一。于是，他们咨询了班级同学的建筑师爸爸，在绘制图纸时使用了“俯瞰图”的概念。他们确定将幼儿园的大铁门作为设计图的标志物，又弄明白了东、南、西、北这些模糊的概念，他们小小的脑袋中此时清晰地拥有了建筑物的方向和位置，方位的雏形乍现，着实让老师们吃惊不已。

在操场忙碌的小画家们

在经过几轮讨论修改后，幼儿进行新一轮的绘制，对搭建自己的幼儿园充满了信心，然后他们激情满满地投入新一轮的实景搭建。幼儿的思维从二维平面发展到三维立体，又从三维立体发展到全景布局。孩子们的绘制从独立建筑到空间方位的规划清晰明了，各方面能力都有了非常大的进步。

新的整体设计图

在这一次的建构活动中，建筑物呈现完整，方位清晰。大门、教学楼、操场、绿化、体育器材（滑梯、攀爬架）、景观（大树、花坛）一应俱全。孩子们搭建完成后，像模像样地在“幼儿园”里面玩起了游戏，扮演起了老师和小朋友。还有孩子模拟前几天的地震演习，组织小伙伴们走起了预演时候的逃生路线。

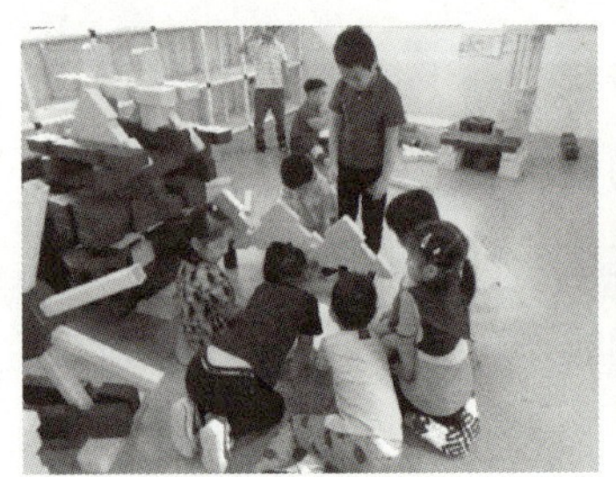

热火朝天的搭建现场

马上又要轮到幼儿准备了许久的建筑搭建周了，他们摩拳擦掌，已经迫不及待去参与了，我们也期待着幼儿无限的想象力，再一次引发新的思维小旋风。

三、活动反思

在“我们的幼儿园”主题建构活动中，幼儿通过讨论、调查、探究、体验等实践，积累了丰富的感性经验，积极主动地展开实践研究，致力于问题的解决，综合能力得到了快速的成长。幼儿从对幼儿园有着宽泛的认识如滑梯、教学楼、玩具架等，到明确每一个建筑元素的功能、位置、设计、布局等细节内容；从发现问题到探索解决问题的方法；从随意放置到提前进行整体规划；从猜想到实地调查入手，从个人单打独斗到团体合作，深入了解幼儿园，最终全面清晰掌握幼儿园的结构元素，并将获得的经验发散成多种形式的游戏。

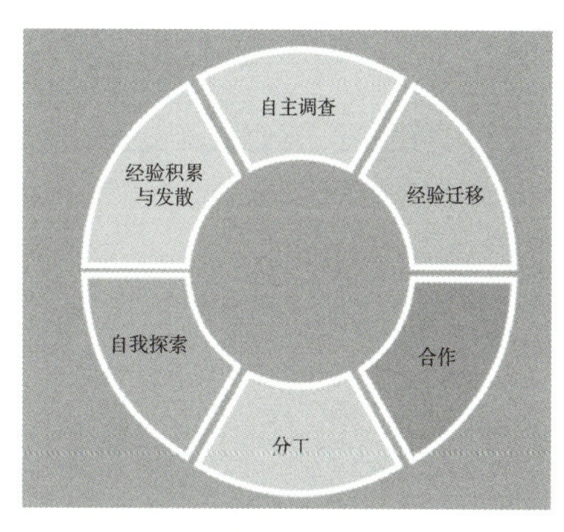

能力提升环

主题建构游戏是整合多个领域的学习内容，让幼儿通过建构进行主动学习的过程。在这个活动中，教师在活动过程中起到的作用和切入的时机非常重要，有目的、巧妙地与幼儿共同确定主题，引导兼支持，在游戏的过程中关注幼儿的发展，理解幼儿的想法，梳理游戏经验，对幼儿进行适时、有效的指导，关键的时候给幼儿“松一松土”“浇一浇水”“加一点阳光”，指引一下方向，最终成功推动游戏不断深入。在活动中，教师通过观察幼儿的行为及时调整支持策略，在游戏中帮助幼儿梳理经验，小结阶段性成果，有效促进了幼儿关键经验的产生。

有一种爱叫作放手，教师适当往后退，让幼儿带着思考主动出发，带着问题探索，成长为一个主动的学习者，真正成为游戏的主人。教师与幼儿共同回顾活动内容时的交流与分享、反思与总结是对幼儿自主有效地开展主题建构游戏的重要支撑。在遵循幼儿的发展规律，认识到幼儿是有“主动学习能力的学习者”的基础上，才能真正体现主题建构游戏的教育价值，促进幼儿在游戏中健康、快乐、自信、主动地学习与成长。通过引导幼儿自主探索实践，自发探寻答案，发掘幼儿自身的游戏“内动力”，幼儿能获得更多情感满足和感知体验。

建构区：有趣的杯塔

苏州市民治路幼儿园

一、活动背景

近期孩子们对纸的世界非常感兴趣，我们在各个区域中都为幼儿投放了许多纸制材料供幼儿探索。其中，老师投放的纸杯在某一天引起了幼儿的兴趣："这个杯子长得好像建筑角的积木呀。"就这样，孩子们带着纸杯进入了建筑角，一场关于纸杯搭建的故事就这样发生了……《指南》指出，幼儿的科学学习是幼儿在解决实际问题的过程中发现和理解事物本质与事物间关系的过程。在杯塔的搭建过程中，孩子们遇到了什么样的问题，又增长了什么样的新经验呢？

二、活动实施

纸是幼儿在生活中最常见的物品，当我们发现幼儿对纸的种类、特性及纸制品非常感兴趣时，我们干脆在区域内投放了各种各样的纸，让幼儿去探索、去研究。从他们的兴趣出发，衍生了许多有趣的活动。其中，杯塔的搭建是幼儿非常感兴趣的一项活动，在活动过程中孩子们的多种能力得到了提升，因此，我们也将这个故事记录了下来。

（一）兴趣激发课程：杯塔的由来

1. 提供多种材料，激发幼儿兴趣

这一天玩游戏的时候建筑角已经有许多小朋友，希希和小杰本来也想去建筑角玩，

但看到人太多了，就放弃了。他们失望地在教室里转着。

“咦？这个杯子长得好像建筑角的积木呀！”

“太好了，要不我们用纸杯来搭建筑吧！”

就这样，一场关于纸杯与建筑的探索，开始了……

2. 限制材料数量，引发幼儿探索

他们先将纸杯一个套住一个，不一会儿就将老师提供的纸杯都用完了。然后他们把这些杯子竖在桌面上，小杰说：“你看，像不像我们的虎丘塔？”

“哈哈真像！但是这个塔好矮啊！”

“可是我们建筑角里只有这些纸杯，怎么办呢？”

小彦从旁边走过，看到了这一幕，说：“我有一个好办法。”只见他将杯子一个一个拿出来，先反着放一个，然后正着放一个叠上去，这次搭的杯子可比之前高多了。

“太棒了！”

“原来纸杯可以这么玩！”

“明天我也要玩！”

游戏时间到了，小朋友们看到他们的探索都非常激动，就这样，孩子们搭杯塔的兴趣被激发了。

我们的思考：对于大班的孩子而言，丰富的材料能够激发幼儿的兴趣，但材料的不足有时能更好地让幼儿开动脑筋探究材料的特性。所以当某种材料数量不足时，教师也许可以先观察再决定要不要立即投入材料，有时候数量少的材料反而会激发幼儿更充分地探索材料的特性。

（二）环境成为支撑：杯塔稳固性初探

这天一早，老师在建筑角投放了更多的纸杯。到了游戏时间，孩子们又聚集到了建筑角，这一次他们遇到新问题了。

“你把我搭的塔撞倒了！”

歆歆一声惊呼，吸引了老师和其他孩子的注意力，原来是均均走过时将歆歆的塔撞倒了。均均说：“对不起，我不是故意的，但我就轻轻地碰了一下，这塔也太不稳了。”

歆歆愣了一下，说：“没关系，但是怎么能让这个塔站得更稳呢？”

所有的孩子都围绕着这个问题叽叽喳喳地讨论了起来，可是直到游戏结束了也没讨论出个所以然来。孩子们很失望地将纸杯收了起来。

第二天，老师在科学区的墙上贴了金字塔、虎丘塔等塔类建筑的图片。在游戏时，孩子们发现了墙上的照片，老师问：“你们发现这些塔的共同点了吗？”在盯着看了一会儿之后，希希好像发现了什么。

投放虎丘塔图片

投放金字塔图片

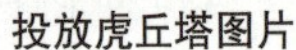

希希："老师，我知道了，这些塔的底下都是大大的，越往上面越小。"

孙老师："为什么要这样搭呢？明明上下搭一样宽，省下来的砖块可以将塔搭得更高呀！"

小彦："我知道，我知道！我爸爸跟我说过，三角形是最稳的，下面大上面小这样塔不容易倒！"

希希："那我们的杯塔也这么搭吧！"

让杯塔搭得更稳的秘密就这么被孩子们发现了。

我们的思考：在小朋友们探索杯塔如何能站得更稳时，我们选择不直接告诉孩子们三角形结构最稳固，而是在环境中投放了一些孩子们熟知的三角形建筑的照片，让环境成为幼儿的老师。这样，一方面，孩子们的观察能力、总结能力得到了提升；另一方面，将灌输知识转变为幼儿发现、探索新经验，更符合孩子们在游戏、探究中学习的特点。

（三）教师适当"隐身"：激发幼儿合作

这是探索杯塔的第二周，孩子们已经在探索中解决了一些问题，搭杯塔对孩子们而言已不是难事，但问题都解决了吗？并没有，新的问题又来了……

"老师，他总是拿我的杯子！我的杯子不够用了。"

"老师，他搭的塔太大了，我都没有搭的地方了。"

其实这时候的建筑区已经提供了足够的纸杯，也有干净、宽敞的场地，老师没有回应孩子们此时提出的问题，而是让他们自己解决不充裕的物质条件与内心想搭高塔之间的矛盾。

"我们要一起搭一个才可以。"

希希提出了好的解决办法，孩子们纷纷响应，他们就这样一起行动了起来。但在搭的过程中又出现了问题，几个小朋友一起搭时总是这个碰掉了那个搭的，那个拿纸杯的时候晃了桌子将杯塔晃倒……小朋友之间开始了互相责怪。

“这么多人一起搭很容易乱，有没有什么其他好办法呢？”孙老师说。

“老师给我们讲过《南瓜汤》的故事，故事里猫负责切片，松鼠负责搅拌，鸭子负责放盐，这样谁都不影响谁，我们也可以这样。”歆歆说。

“那我负责往杯塔上放杯子，你负责把杯子递给我，小杰负责看好桌子，不让别人靠近。”

很快，一座杯塔被孩子们搭了出来，这是大五班之前所有杯塔中搭得最高的，多亏了几个孩子的分工合作。

杯塔倒了

幼儿分工合作搭建杯塔

我们的思考：教师有的时候可以采取“隐身术”，从指导者的角色退位到观察者，让幼儿成为问题的解决者。当我们隐身后，孩子们充分地迁移经验，想到了曾经阅读过的绘本，从而通过分工与合作巧妙地解决了探究中发生的问题。而当相似的问题以后再次发生时，幼儿也能够进行经验迁移，感受到分工与合作的力量。

（四）教师提供支架：探索记录方式与规律

“他们搭得真高啊！”

“我可以搭得更高。”

第二天游戏一开始，小杰就来挑战前一天孩子们搭的杯塔高度了。他很快就跟均均一起搭完了一个，但两组孩子对谁搭得更高争论了起来，谁也不服输。

孙老师说：“也许你们可以把今天搭的记下来，明天再搭一次，然后把两次的记录比一比。”

均均向老师要了纸和笔，把杯塔的样子一层一层画了下来。

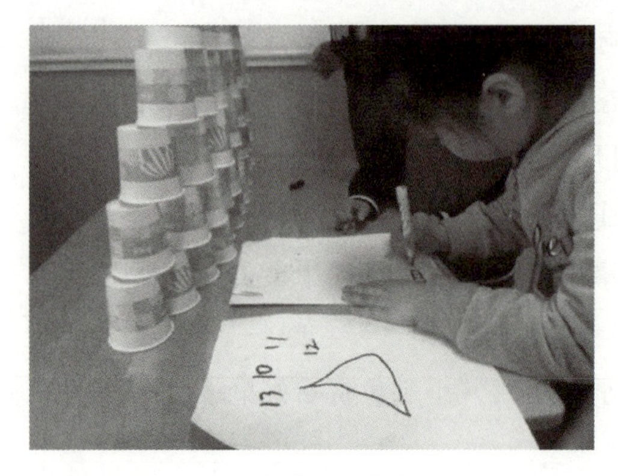

幼儿探索记录方式

第三天，希希也很快搭好了杯塔，但在记录时她没有用均均的方法。画前三层杯塔时她数得很认真，到第四层往上的时候她就不数了，直接闷着头画，画了两层索性直接将剩下的每层用数字写了下来。老师问：“你不数的话会不会画错呀？”“不会的，每一层往上都少一个，不信你看。”于是小朋友们一起来验证希希发现的规律。

我们的思考：当幼儿争得不相上下时，老师提出了记录的方式，为幼儿接下来的探索提供了支架。而当幼儿发现杯塔的规律时，老师又通过提示让她从“画”的方式提升到了语言的表征方式。均均找到了记录的方法，希希则在其中找到了杯塔搭建的规律。孩子们跟杯塔的故事或许还会继续发生，也许他们会将注意力转移到老师新提供的纸牌上，但我想，类似的活动对他们而言已不再成问题了。

三、活动反思

提供适宜的材料。教师时刻观察着区域材料的数量，在幼儿有需要时及时地补充材料，从而支持幼儿的探究活动，如发现孩子们的注意力集中到纸杯搭建时，立刻补充了纸杯，为他们搭建更高的杯塔提供了可能。但是不是孩子们一缺材料就必须要补呢？并非如此，比如在幼儿遇到困难时，如纸杯不够或空间不够了，老师可以选择投放更多的纸杯与将空间扩大。然而教师在此次活动中并没有这么做，而是选择不回应孩子们当时提出的问题，因为在当时的情境下，教师发现有限的材料能使孩子们的能力获得新提升。

尊重环境的作用。环境是幼儿的老师，很多时候稍微改变一下环境就能有力地支撑幼儿的探索。比起教师直接告知答案，环境的提示更加无形，且不会打断幼儿的探索。比如当幼儿探究如何让杯塔变得更稳固时，其实他们在生活中已经见到了许多建筑，那么在环境中再将这些建筑的照片进行集中投放，幼儿自然能够开动脑筋。与此同时，幼儿的观察能力也提升了。

转变教师的角色。在整个活动过程中，教师大多数时候处在一个观察者的角色中，但当幼儿需要时，教师能及时补充材料、更改环境，并在恰当的时候给予引导。而渐渐地，当再次遇到问题时，幼儿不再仅仅想着要老师给答案，而是从旧经验中找答案，从环境中找答案，从合作中找答案。这是在这个杯塔活动中孩子们最大的提升，有了这些找答案的本领，未来遇到什么困难他们都将有信心、有能力去解决。

汲取同伴的力量。整个过程中令教师觉得欣喜的是孩子们的团队协作，《指南》中指出：幼儿阶段是社会性发展的关键时期，幼儿在与成人、同伴交往的过程中，不仅学习如何与人友好相处，也在学习如何看待自己、对待他人，不断发展社会适应的能力。我们很开心地看到孩子们在遇到问题时不互相责怪，而是一起思考如何解决问题；我们也很高兴地看到每一个孩子都在这个团队中认真地履行自己的职责，这是无论讲多少遍《南瓜汤》都得不到的。

也许有一天这些孩子中会有最著名的建筑设计师，也许不会有，但都没有关系。最重要的是，在这个活动中他们成长了。而成长，还在继续……

建构区：100层的房子

太仓市城厢镇幼教中心奔山幼儿园

一、活动背景

在10月初的时候，园部对一处公共走廊环境（无人问津的公共角色游戏区）进行了改造，由此引发了孩子们的思考。

文文："原来的东西去哪里了？"

师："这里会变成一个新的建构区，你们有没有什么想法呢？可以跟园长老师说哦！"

冯："可以叠高的房子吗？可以搭机器人吗？"

李："这里什么也没有，材料从哪里来呢？"

胡："那么多凳子和桌子怎么办？"

冯："我知道，桌子可以分开两边，一边搭机器人，一边可以叠高高的房子。"

刘："那里的架子我们可以用吗？"

师："当然。"

冯："可是我们还是没有材料。"

师："什么材料可以叠高房子呢？"

金："我觉得奶粉罐就可以，我家里有很多。"（户外建构的经验）

胡："纸箱也可以的，还有盒子。"

卞："瓶子也可以的。"

…………

因为环境的改变，孩子们拥有了新的学习机会，由此也引发了一系列的探索活动，成就了儿童意愿下的游戏活动。在这个与环境互动的过程中，孩子们有机会自己去讨论游戏、设计游戏内容，还能对自己的游戏进行表征。当建构环境初步呈现之后，孩子们会想要去主动学习与建构。并且他们能够有更大的空间，去组合使用自己提出的、收集来的材料进行搭建活动。在这里，环境的改变带来了一系列有价值的活动。

但是通过几周的观察，我们发现了新的问题：孩子们一直在做重复的事情。似乎每次的建构游戏都在重复同样的平面式桥，孩子们的叠高游戏也是单纯叠高，建构技能也是停留在普通架空上。因此，孩子们的建构兴趣也开始减弱，有一些如扔积木、推倒作品的消极建构游戏行为出现，建构游戏的拓展出现了瓶颈期。

我们的思考：怎么能让大班幼儿在建构游戏中有深度学习的机会，出现更多的建构技能和更为丰富的主题作品；如何使幼儿在活动中能够有更多的表征和深度游戏的机会，让建构游戏体现出它更多元的价值。这些迫切需要去思考的问题成了我们调整的方向：当儿童的游戏出现矛盾和困难的时候，我们可以用什么样的环境来支持幼儿游戏的深入，让环境的价值能够被有效地、最大化地利用？这些新问题促进了环境的改变，也成了课程推进的动力。

二、活动实施

（一）调整与改变

1. 环境的第一次调整：绘本在建构环境中的加入

在 11 月初的时候，园部给大班每个班级的图书区都投放了《100 层的房子》《海底 100 层》《地下 100 层》等几本读物。第一周教师只是把书本放在阅读区，孩子们表现出了很大的兴趣。在班级建构游戏中，第一次出现了搭绘本房子的主题内容。为了表示自己搭的是什么地方的房子，他们还用纸板简单画了设计图。但是很快，他们发现纸板太短，根本不够画 100 层的房子。于是有小朋友建议可以用一个更长的纸板，这样就可以把房子画得高一点。这时候，老师给予了支持，提供了一卷白色的软布。孩子们在区域中讨论后可以将房子画在上面。老师之间也进行了经验的分享，平行班的孩子们都参与到了活动中，于是孩子们用自己的想象，画出了海底、森林、太空、地下 100 层的房子。老师把这些布挂在了公共建构区，活动促进了环境的一次改变。

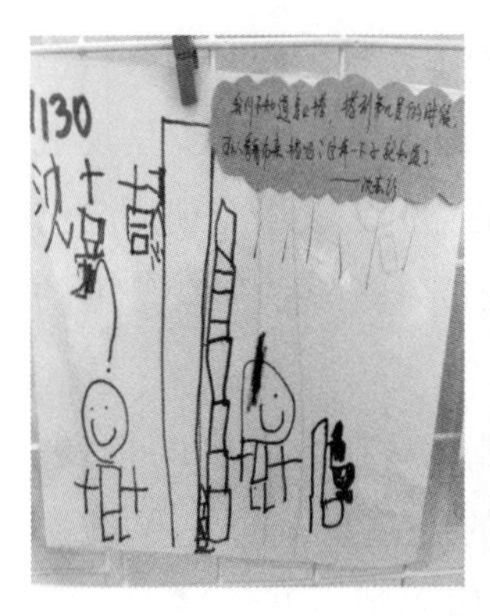

幼儿设计表征

调整后的绘本建构环境

（1）游戏实录。

幼儿游戏实录1：

小文和冒冒站在海底100层的房子前面。他们用奶粉罐子和纸板搭建了房子。小文先放一个奶粉罐子，然后用一层纸板放在上面叠高。紧接着她又去找了几个一样的奶粉罐子，一层隔一层有规律地叠高。到第5层的时候，他们用梯子往上放。第6层往上她轻轻地把板放在奶粉罐子上，慢慢地抽板移动，她高兴地让同伴来看。到第8层的时候，冒冒说："我们需要一个屋顶。"然后小文找来两个薯片罐，他们用架空的方式叠了纸板，在上面放一个薯片罐做房顶。小文说："我们来数数我们搭到第几层了，要去做个标记了。"小文拿着标记卡，对着布从下往上点数，冒冒从上往下数，到小文的那里变成了14层。小文数到的9层和冒冒的不一样，两个人发生了争执。最后他们又重新数了一遍，觉得到14层太高了，从下面数上去9层的高度差不多，于是他们开始爬上去夹标记。第一次小文没有成功，她让冒冒也试试："因为你比我高一点。"冒冒试了一下，还是够不着："我们不够高。"她来找老师："老师，您能帮我们夹一下吗？我们够不到。"老师帮他们夹好标记，他们开心地拍手笑了。

幼儿游戏实录2：

小凯和小杰在叠"火星上的房子"。小凯先用奶粉罐围了一圈，又在外面放了一圈薯片罐。小杰找来纸板平铺在奶粉罐上面，薯片罐在奶粉罐的外围。小凯和小杰把纸板交错平铺在奶粉罐上，构成一个架空的楼层。小杰不小心撞到薯片罐，小凯小心地把薯片罐排排好。他们继续铺第2层奶粉罐和纸板。铺第3层的时候他们找来了薯片罐围合，继续用纸板平铺架空，到第4层的时候他们找来纸盒子。一开始有的纸盒子是横着放的，有的是竖着放的，小凯看了看又调整了一下，然后让小杰去拿纸板往上交错平铺。全程两个孩子基本没有语言的交流。

（2）分析与反思。

幼儿建构

绘本环境在建构游戏中的出现，不仅能反向刺激幼儿的阅读兴趣，在潜移默化的游戏中还能促进幼儿视、听、语言、思维、想象、审美、观察、表征能力的发展。今天的活动与之前的游戏相比，环境发生了明显变化，幼儿建构游戏的内容更丰富，游戏活动也有了挑战，有了深度。

从两组孩子的游戏状况可以看出，相比较于环境改变之前，孩子们的游戏建构有了主题，并且能够与环境中的内容进行互动，活动中孩子们运用了高阶的建构技能，比如规律叠高；运用了叠高、围合和架空的组合技能；出现了比较、点数、数量匹配等数概念的运用；出现了讨论、商量等社会性交往行为……应该说孩子们表现出了较高水平的建构能力。正是环境的调整，带来了幼儿建构活动的进阶和建构主题的深入。当然在活动中我们也发现了环境中需要调整的地方，如空间与人数的比例关系，材料的摆放与数量等，这些因素在一定程度上给幼儿的游戏造成了干扰，这些是需要教师去调整的环境，以更好地支持幼儿的游戏开展。

2. 环境的第二次调整：基于幼儿经验和问题表征的调整

（1）讨论实录。

第一次建构游戏之后，我们请孩子们来分享自己的建构经验，并讨论了在搭建中遇到的问题。

小文：“我搭的时候，小越总是一退就弄倒我们的房子。”

小荣：“房子搭起来的时候就总是倒，我要整理好久。”

师：“有没有小朋友搭的房子很牢固的？”

小杰：“我们的就没有倒，我们是一层一层围起来往上的，那个纸板横过来，再竖过来就很牢了。”

小文：“我们也没有倒，搭的时候一定要小心。轻轻地放。”（她还做了一个动作）

小凯：“但是我们薯片罐用完了，然后我就用盒子再往上搭。”

小婷：“薯片罐都被不知道谁放在了矿泉水那里。”

小苗：“我是用杯子叠的，那个杯子太轻了，叠到很高的时候就很容易一碰就倒。”

小辰：“纸板很轻很轻，我把它竖起来围着，很快还是要倒下来，折了也没用。”

…………

结合幼儿的讨论，孩子们制作了材料分类牌贴在收纳箱上，大家讨论在搭建或走路的时候都要看清楚更小心；还有一些小朋友表示可以去叠纸杯房子，也可以做100层的房子，还可以用架子和纸杯在桌面玩游戏。

分类标记

（2）环境调整：幼儿表征活动在环境中的加入。

孩子们和老师一起，把自己绘画的收纳标记贴在了纸箱上，老师还把孩子们的建构作品照片也贴在了对应的标记卡位置，便于其他幼儿观察。在环境中，老师还增加了一些幼儿绘画的问题及组合建构的方法，给予幼儿新的环境刺激。

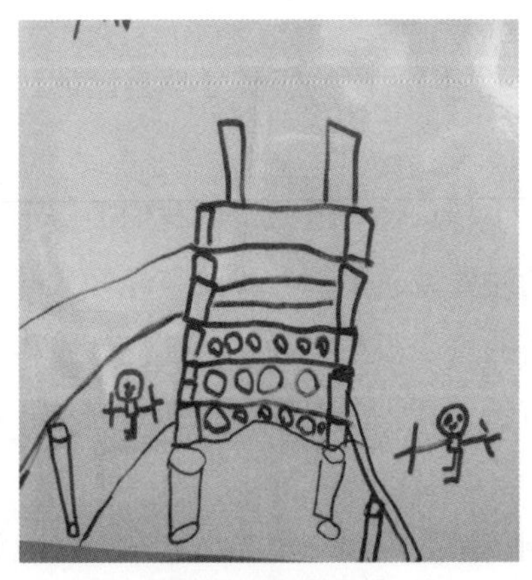

环境中的表征提示

（3）建构后的偶发事件。

第二次游戏之后，中午散步的时候，孩子们惊奇地发现自己投票保留的作品都被

推倒了，他们想到了，要想办法保存作品。

小葛："可以拍照留在我们的标记边上，这样别人就能看清了。别人要挑战也可以看到我的作品。"

在区域游戏中，晨晨在美工区做了一个鲨鱼小姐和章鱼哥的图片，并用吸管进行了组合。她很高兴地跟同伴分享："我在建构海底房子的主人，下次玩游戏我要让他住进去。"

（4）分析与反思。

集体的建构谈话可以激发幼儿的建构兴趣，拓展学习并认可建构者。游戏前的谈话更多的是关注了幼儿的建构兴趣和项目；游戏后的谈话不仅可以用问题意识帮助幼儿思考自己的建构过程，回忆、提炼建构经验，同时也是一个小组式的经验分享和思维的碰撞会，孩子们在对话中提升自己发现问题、解决问题的能力，质疑自己逻辑思维的能力，这些都是良好学习品质的表现。分析完孩子们的对话，教师也了解了幼儿的下一步需要及兴趣点。

在偶发事件中，教师关注到了建构游戏引发的新的兴趣。教师提供的标记材料，起初是教师创设的建构挑战与刺激物，希望能引发更多的孩子参与到游戏中。现在孩子们把自己的想法和它进行了关联，既解决了问题，又能产生新的互动。在区域游戏中出现的制作活动，我们可以继续予以鼓励，并让孩子们制作更多的建构辅助材料，以丰富作品的艺术美感。

三、活动反思

这个小小的游戏区改造，给我们的是关于环境价值的思考及对于活动推进的思考。实际上，它也是"幼儿自主"与"教师主导"之间关系的一种深化实践。环境和活动不是处在二元的对立面，而是关联的关系。谁生发了谁，都可以，但是前提都要在幼儿的兴趣下，不然就会出现假的环境、假的活动。

善于利用环境的潜在价值，生发活动。环境是重要的教育资源，应通过环境的创设和利用，有效促进幼儿的发展。环境是幼儿生活中最直接接触的地方，教师要做的是去关注环境中幼儿感兴趣的点，并且找到兴趣背后的价值。这个环境可以是正好存在的环境（季节的变化引起的自然现象的变化，如幼儿园里树叶的变化，水、冰、霜的变化；幼儿园里面的某个动态环境，如双凤幼儿园大厅改造），也可能是某个活动之后教师布置的环境（班级主题墙、班级环创），如建构区的长卷画引发的价值思考，正是因为绘本长卷画的价值，才生发了幼儿有挑战、有兴趣的大型主题建构活动的开展。

乐于发现活动的潜在需要，优化环境。作为教师，我们一定要有一双会观察的眼睛，要有比孩子更敏感的心，去发现孩子的发现，观察孩子与环境的互动，倾听孩子的需要，进而给予支持性的环境调整。例如一些表征游戏的内容改进，建构方法的提供，都能给予孩子深入活动的可能，支持活动与环境循环、阶梯式上升，最后更大地发挥环境带给幼儿的价值。

科学区："趣"玩沙

苏州市吴中区胥口实验幼儿园

一、活动背景

沙子是大自然给予孩子们廉价而好玩的一种玩具，孩子们在玩沙的过程中，不断体验、领悟和创造，对他们的认知发展具有一定的促进作用。在玩沙游戏中，通过机能性玩沙（借助沙池内的大型玩具、攀爬架开展的玩沙游戏）、建构性玩沙（城堡搭建、水渠挖排）、戏剧性玩沙（寻宝游戏、角色扮演）等游戏形式，探究沙子的特性，知道干湿度、松软度对沙子建构的重要性。同时，幼儿在合作游戏的过程中也提升了社会交往能力。

科学探究活动，充分锻炼了幼儿自主学习的能力，使幼儿在操作、实验、探索中发现问题、解决问题，帮助幼儿获得更多的经验，同时，幼儿能够在实践的过程中感受成功和喜悦，培养动手能力以及做事认真细心、耐心持久、有始有终的良好品质。

二、活动实施

玩沙游戏是幼儿最喜爱的一项区域游戏活动。在多样化的玩沙游戏形式基础上，我们追随幼儿，从幼儿的经验和兴趣出发，开展更具深度的科学探沙活动，帮助幼儿了解更多关于沙的秘密，同时激发幼儿的科学探究兴趣，培养其自主学习与解决问题的能力。

（一）开始阶段

午间散步时，路过小班自然角，眼尖的莉莉突然大声嚷起来：“你们看，这个乌龟缸里的沙是白色的呢？”闻声而来的小朋友一看，果然是他们从未见过的白色沙子。于是，大家兴奋地围着乌龟缸开始交谈，“为什么乌龟缸里要放沙子呢？”“对呀，沙子有泥土，放在水里怎么水不脏呢？”“这个白沙是从哪里来的？是黄沙变出来的吗？”回到教室后，孩子们依然兴奋地讨论着刚才的话题。于是，我们便问孩子们：“你们想知道关于沙子的秘密吗？”孩子们不假思索地回答：“当然想。”于是，一场关于沙子的探秘之旅就此开始了。

我们的思考：对于沙子，孩子们并不陌生，但是在之前的玩沙游戏中，多是动作的操练，缺乏创造性和探究性的游戏行为，以至于孩子们对沙子的品种和功能一无所知，或许，我们可以利用这个契机和他们一起探秘沙子。

我们的指导：帮助幼儿梳理玩沙经验，鼓励幼儿通过涂鸦、绘画或者是网络图的方式将所知晓和想了解的知识内容表征出来，希望通过课程的开展，幼儿会呈现他们所学到的东西，能了解自己的学习历程。

放有白沙的乌龟缸

对沙子的畅想

（二）探究阶段

故事 1：探沙

催化事件发生的第二天，我们便将白沙带到教室，和孩子们亲身感受、实际操作这“特别”的白沙。孩子们提议，要把沙池里的黄沙一起带进来，这样才能进行比较。于是，我们便将黄沙和白沙放在了一起。“白沙比黄沙粗，黄沙软、白沙硬。”“它白白的，看上去像是我们吃的盐。”“它看上去更干净、很漂亮，所以会放在乌龟缸里吧。”孩子们你一言我一语地诉说着自己观察后的想法。

白沙、黄沙实物

观察两种沙的不同

“白沙那么漂亮，今天我们就用这个白沙搭一个白色的城堡吧。”桐桐的提议获得了大家的认可。于是，大家来到户外，用之前搭建城堡的经验，开始给白沙加水，塑形。“咦，怎么这个白沙堆不起城堡呢？是水加多了吗？”孩子们不断尝试，可最终城堡依然没有搭成。这是为什么呢？带着这样的疑惑，我们回到教室寻找答案。通过去图书馆翻阅书籍，和老师一起网上查阅资料，终于，孩子们找到了答案。原来黄沙和白沙的来源和性质都不同，白沙是由白云岩石经过破碎筛分加工而成的沙粒，多用于装饰、涂料、人造沙滩等。黄沙分为很多种，我们经常接触的黄沙大部分来自河沙，它的塑形性更好。

在探究完沙子的秘密后，然然突然说：“怪不得我家造房子的时候，工人叔叔也要用黄沙，原来是这个原因。”孩子们通过自主探究，去寻找问题的真相，同时还能举一反三，将新认知与生活经验相融合，这一点让我们很惊奇。

我们的思考：幼儿生活中的探究活动是一种低结构或无结构的活动，就像这一场探沙之旅，在这场探究活动中，每一步深入持续性的探究都来自幼儿的发现和观察。他们通过亲自操作，发现白沙的塑形能力较差。于是利用资源去寻找答案，在此过程中，教师一直在扮演着支持者与合作者的角色，鼓励幼儿尝试自主地去解决问题。在解决问题的过程中，激发幼儿的探究兴趣，体验探究过程，发展初步的探究能力。

我们的指导：在对沙子的特性有了更深的认识后，我们继续拓展幼儿的经验，为他们提供放大镜，引导幼儿观察沙子的形状。通过网络，引导幼儿观看显微镜下的“一沙一世界”，观察放大300倍后的沙子是什么样子的，并鼓励幼儿用自己的表征方式记录沙子的模样。借助图片和幼儿共同欣赏不同颜色的沙滩美景，例如马尔代夫的白色沙滩，夏威夷岛的黑色沙滩，巴哈马岛的粉色沙滩，初步了解彩色沙子的由来。

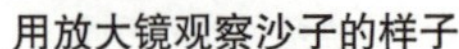

用放大镜观察沙子的样子

“显微镜下的沙子”

故事 2：染沙

那么多美丽的沙滩，看得孩子们羡慕不已。果不其然，有孩子提议：“我们也要做彩色的沙子。”

“现在我们只有黄沙和白沙，怎么把它们变成彩色的沙子呢？”

“给它们涂色吧。”

“不行不行，沙子这么小，怎么涂？”

“把沙子放进颜料里呀，每次画颜料画的时候，颜料弄到衣服上，衣服就染上颜色了呀。”

幼儿迁移自己的染色经验，准备用颜料给沙子染色。出于安全因素考虑，我给孩子们准备了染料——食用色素。染沙开始前，孩子们商量着染沙需要的工具，挑选喜欢的颜色，思考染沙步骤。染好后又该怎么办呢？一系列的问题接踵而来。于是，我们提议，以组为单位，制订计划，责任到人。

染沙计划图

在制订计划的过程中，然然又发现了问题："老师，我们沙池里的沙有很多小石子和脏东西，这样染出来的沙就不好看了，怎么办？"听到这个提问，老师们觉得这又是一次很好的探究机会，于是，我们把问题抛还给孩子，引发了一场热议。

贝贝："我们一起下去把脏东西拣出来就好了。"

桐桐："不行，这样太慢了。"

莉莉："我有个好办法，沙池里有筛子，我们可以过筛呀。"

老师："筛子只有一个，可能不太够，我们还能找些什么工具去过筛沙子呢？"

桐桐："找和筛子的眼一样大小的篮子就可以了。我奶奶在老家过筛芝麻也是用这种方法的。"

老师："这个办法很不错，那我们一起找一些洞眼大小合适的篮子先把沙子过筛，然后再给它染色吧。"

在接下来的活动中，每组孩子都根据自己组的计划表，分工合作，有的过筛沙子，有的寻找染沙容器，有的负责染沙，有的则将染好的沙运到太阳底下晒干。

当五颜六色的沙子呈现在幼儿面前时，他们欢呼雀跃，这是一种成功的喜悦，也是一份成长的足迹。

染沙

我们的思考：染沙活动是探沙活动的延续，我们追随幼儿的兴趣和需要，鼓励他们去实践自己的想法。在实践的过程中，他们尽情地探索、交谈，或是提问，或是回应别人，或是表达自己，用自己的生活经验去解释、解决遇到的问题，就像桐桐发现菜篮子也能用来过筛颗粒状物品一样，他们互相交换经验、丰富经验。在这样的过程中，每一个小小的发现都充满了惊喜。

我们的指导：幼儿对沙的探究热度持续上涨，他们希望把自制的彩色沙放入乌龟缸中，让小乌龟们有个温馨、漂亮的生活环境。为了丰富幼儿对这类环境布置的经验，我们利用家长资源，请家中养小金鱼和小乌龟的家长提供饲养照片，并请他们的孩子利用晨间谈话或休息时间，和同伴们分享他们家中鱼缸、乌龟缸的布置，说说需要用到的材料有哪些，并发动家长一起收集。就这样，我们和孩子一起走进下一个活动——寻沙。

故事3：寻沙

大家充分利用家长资源，收集了很多装饰材料，有五颜六色的小石子，也有大小不一的鹅卵石，还有一些可爱精致的装饰物品。孩子们耐心地将这些材料进行分类，并做好标记。大班幼儿有明确的角色分工意识，每组会根据制定好的计划表，安排负责人到材料区领取材料，然后进行装饰。只见第一组幼儿将材料一层一层地平铺在乌龟缸底部，第二组则是将材料分类并排铺在缸底，第三组和第一组一样，也是采用一层一层平铺的方式装饰。在活动最后的展示环节，大家发现，虽然第一组和第三组采用了同样的方式装饰，可是一个缸里的装饰物叠得很高，另一个缸里的却明显矮了很多。这一现象又引发了热议，有人说材料不一样多。为了公平起见，老师拿来了天平，再给两个作品拍好照后，将两个缸里的物品分别拿出进行称重，由孩子们记录。最后发现，两个缸里的每样材料都是一样多的。那是什么原因呢？

此时，我们打开两张照片，请孩子们进行比较，引导他们观察，在材料分量一样、缸的大小一样的前提下，哪个地方是不一样的？小雨第一个发现："我知道，他们放材料的顺序不一样，第一组先放了沙，再放了石头，第三组是先放的石头，再放的沙。""的确，它们的摆放顺序不一样。"我们肯定了小雨的观察发现，但并没有直接揭晓答案，而是放手让幼儿去发现。因此，我们继续追问："摆放的顺序不同，是造成高度不一的原因吗？我们一起去试一下。"

称重

关注材料摆放顺序

带着疑问，孩子们进行了第二次探究。他们将材料按照不同顺序进行投放、平铺，同时在记录纸上做好投放的顺序记录，用记号笔在缸上画下高度刻度。结果出来了，原来真的是摆放顺序不一样导致的高度不一样。这是为什么呢？

比较高度

画刻度

我们从网上找到了一段相关视频，与孩子们一起仔细观察石头与沙之间的关系，通过视频中的清晰画面，孩子们直观地感受到了石头之间的缝隙会使得沙子“消失”的原理。

我们的思考：材料的科学投放在科学探究活动中是重要的内容之一。石头的出现推动了幼儿进一步的探究之旅。在这个活动中，教师作为活动的参与者，应科学有效地支持幼儿的深度探究，提高幼儿的观察能力和学习能力。

我们的指导：沙子会流动，所以有人发明了沙漏，用来计时，那沙漏可以怎么做呢？……孩子对沙的探究仍在继续，让我们一起期待更精彩的故事吧。

三、活动反思

整个活动过程是幼儿主动学习和教师积极引导、支持的过程，在问题解决的过程中幼儿发展了科学学习能力，丰富了科学学习经验。但在复盘活动的过程中，我们也发现了许多不足之处。比如：我们对孩子们在活动过程中的一些细节和有价值的地方记录不充分，缺乏文件档案收集意识。在每次探讨问题的过程中，幼儿之间都有一些有价值的对话，在活动结束后的整体评估中，这些内容都能带给我们更多的思考。所以，在今后的活动中，作为参与者，同时也作为研究者，我们会增强文件档案收集意识，注重课程评估，以便回顾和分析幼儿的行为表现，更好地了解他们的发展水平，做出更好的教育决策。

科学区：豆芽宝宝成长记

太仓市城厢镇幼教中心奔山幼儿园

一、活动背景

本学期，我们对班级自然角进行了改造。改造期间，幼儿从家中带来各种各样的种子，幼儿们将这些种子存放到玻璃瓶中，并标好名称，成了我们自然角中创设的一面种子墙。孩子们喜欢在自然角中观察这些种子宝宝。每种种子宝宝长得都不一样，有的种子宝宝是小小的、圆圆的，有的种子宝宝是扁扁的、大大的。其中，绿豆和黄豆是幼儿们最熟悉的两种种子。

一次在进行观察时，琛琛指着种子宝宝说："绿豆长大以后是什么样子？"一旁的潘潘回答说："我知道，是绿豆芽，妈妈经常买绿豆芽烧给我吃。"朵朵说："我们家还有豆芽机，把绿豆放在里面，就会长出豆芽了。"

于是，孩子们决定对豆芽的秘密进行进一步的探究。

我们的思考：结合自然角的改造，我们收获了许多豆类资源。幼儿能主动去发现、观察身边的资源，并与同伴积极讨论对豆芽的已有经验。在接下来的活动中，教师可进一步支持幼儿的兴趣，鼓励幼儿进一步探索豆芽的秘密。

二、活动实施

（一）豆芽知多少

为了进一步了解和探索豆芽的秘密，我们设计了调查表《豆芽知多少》。在调查表中，共设计了两个问题。问题一：什么是豆芽？问题二：豆芽是如何长大的？幼儿和家长一起用图画和文字等表征形式记录在调查表中。

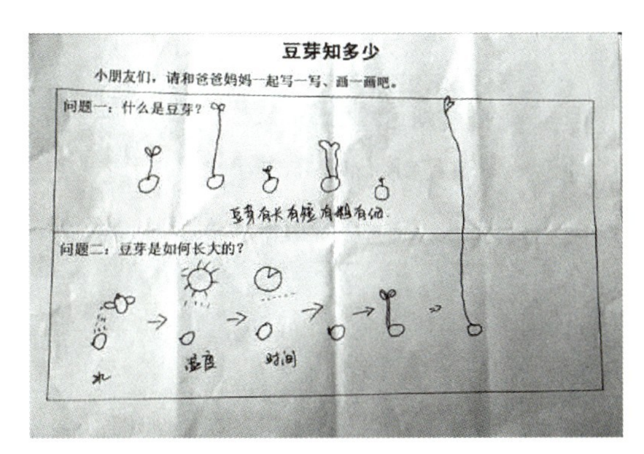
豆芽知多少

小朋友们，请和爸爸妈妈一起写一写、画一画吧。

问题一：什么是豆芽？

问题二：豆芽是如何长大的？

水

温度

时间

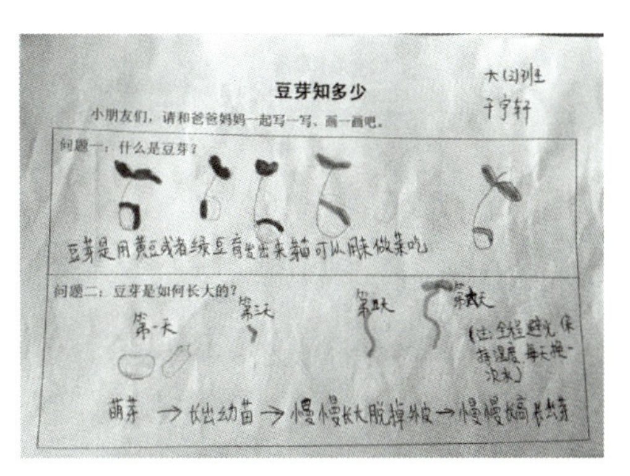
豆芽知多少

小朋友们，请和爸爸妈妈一起写一写、画一画吧。

问题一：什么是豆芽？

问题二：豆芽是如何长大的？

第一天

萌芽 → 长出幼苗 →

幼儿调查表

在对豆芽的生长过程有了一个初步的了解后，孩子们决定开始种植豆芽。

我们的思考：调查表是幼儿比较常见的一种快速获取经验的方式。幼儿通过与家长一起填写调查表，了解了什么是豆芽，豆芽是如何生长的。但在调查表中，也存在一些问题，例如一些问题的表述存在：豆芽是如何长大的？可以改成绿豆宝宝是如何变成豆芽的（生长条件等）。

（二）豆芽日记

1. 神奇的豆芽机

“纸上得来终觉浅”，调查表上的表征远不及幼儿自己亲自动手操作，所以孩子们决定自己种植豆芽。如何种植豆芽呢？孩子们提出了自己的想法。朵朵曾提到家里有豆芽机，豆芽机可以让豆芽生长。于是，孩子们决定也购买一台豆芽机。因此，我们向园部申请购买了一台豆芽机。

孩子们对这个新到的小助手产生了极大的兴趣：豆芽机里有什么？怎么才可以发芽？我们一起仔细阅读了豆芽机的说明书，上面清晰地记录了豆芽机的内部构造和让豆芽发芽的方法。

在了解了豆芽内部构造和使用方法后，孩子们开始了第一次的发芽实验。

说明书上表明，豆芽发芽需要大量的水。那需要多少水呢？孩子们利用教室外资源架上的矿泉水接水，一共接了三瓶水才把豆芽机灌满。

2. 初见绿豆芽宝宝

准备工作就绪，接下来就是准备发芽的豆宝宝了。

说明书上标明，绿豆宝宝需要先浸泡一段时间，才可以进行发芽。于是，放学前，孩子们将绿豆宝宝放在清水里浸泡。

第二天早上，孩子们将一整袋浸泡好的绿豆宝宝都倒进豆芽机里，然后静静等待绿豆宝宝发芽。孩子们都迫不及待，每天都要观察三次绿豆宝宝，并将绿豆宝宝的变化记录下来。

幼儿在蓄水

幼儿浸泡绿豆

浸泡中的绿豆

绿豆发芽了

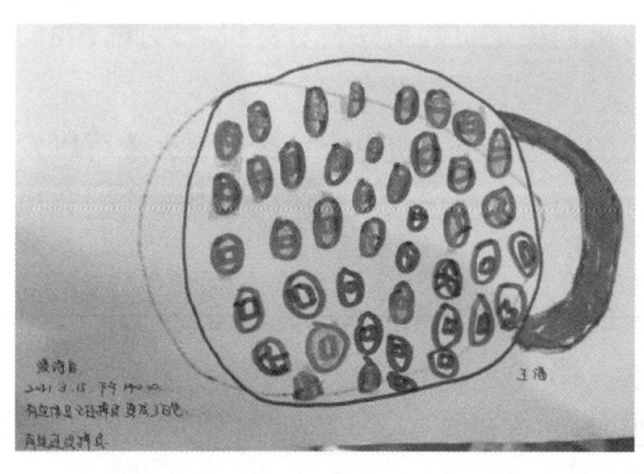
幼儿的观察记录

没过几天，绿豆宝宝就变成了绿豆芽。绿豆宝宝们将整个豆芽机都填满了。小雅抽出一根豆芽说：“我怎么感觉这个绿豆芽这么细呀，我记得我吃的绿豆芽是粗粗的。”孩子们仔细观察了豆芽机里的绿豆芽说：“是不是豆芽太多了，它们都挤在一起，所以就变细了。”

孩子们拉着保育员阿姨的手，说：“阿婆，快看，怎么这么多豆芽？”保育员阿姨回答说："放了太多绿豆了，要少放一点，不然都发不出来。"

听取了保育员阿姨的建议后，孩子们同阿婆一起将豆芽机里多余的绿豆去除，然后继续观察和等待，最后孩子们收获了满满的一盆绿豆芽。

幼儿收获满满一盆绿豆芽

我们的思考：虽然第一次绿豆发芽实验成功了，但是幼儿也观察到了一些问题。例如绿豆芽比较细。经过询问保育员阿姨，幼儿成功得到答案：绿豆的数量太多。幼儿在探究的过程中，遇到问题后，寻求他人获得了相应的答案。这启示我们应不断鼓励幼儿在遇到问题进行验证猜想，在直接感知中，获取真正的豆芽的秘密。

3. 豆芽宝宝比拼大作战

孩子们有了第一次发芽的经验，在第二次发芽实验中，减少了绿豆的数量。同时，幼儿将黄豆也加入发芽的实验中，这起源于诺诺说："我妈妈说了，除了绿豆芽，还有黄豆芽。我们也有黄豆，可以用黄豆来发芽。"

果果还从家里带来一些菠萝蜜的核说："我婆婆说菠萝蜜也可以发芽。"轩轩说："那就把绿豆、黄豆和菠萝蜜都放在一起，看看谁长得快。"孩子们纷纷表示赞成，然后新一轮的实验开始了。

4. 种子宝宝找不同

实验开始了，但是新的问题又出现了：怎么区分这三种不同的种子宝宝呢？

孩子们将三种种子放在一起，进行观察。

宸宸："我发现菠萝蜜的种子最大，黄豆的最小。"

三种种子对比

轩轩：“绿色的是绿豆，黄色的是黄豆。”

一一：“菠萝蜜的种子看上去像一块鹅卵石，摸上去滑滑的。”

孩子们通过观察大小、颜色、外形特征等方面，对三种种子进行了区分。

5. 种子宝宝生长记

在分清三种种子后，孩子们开始了新一轮的实验。本次实验为绿豆宝宝、黄豆宝宝和菠萝蜜宝宝的大比拼。孩子们将三种种子放在豆芽机内开始发芽。他们每天都在固定的三个时间段观察种子宝宝的变化。

三种种子的发芽过程

孩子们惊喜地发现了种子们的细微变化：最快发芽的是绿豆宝宝，接下来是黄豆宝宝，最慢的是菠萝蜜宝宝。绿豆宝宝已经长出了长长的芽，菠萝蜜才冒出一点点的芽。

我们的思考：幼儿将三种种子放在一个盘内进行发芽，可以直观地看到不同种子的发芽速度和不同种子发芽后的变化。通过直观的对比和一日三次的观察记录，幼儿对不同种子发芽的速度、状态等有了直观的、新的认识，并在过程中感受了大自然的神奇。

绿豆长出了绿叶

6. 菠萝蜜成长记

菠萝蜜发芽以后，孩子们将其移栽到自然角的花盆内。菠萝蜜长出了绿绿的、大大的叶子。孩子们用手触摸菠萝蜜的叶子后说："上面有点刺刺的。"菠萝蜜的叶子一天天长大，小小的花盆好像容纳不下菠萝蜜了。于是，孩子们决定将菠萝蜜移栽到探秘园内。

希望我们的菠萝蜜宝宝能快快长大，早日长出好吃的菠萝蜜果实。

移栽在弇山小园中的菠萝蜜

三、活动反思

探究中认识。在活动中，我们支持幼儿进行探究，鼓励幼儿使用家长资源、保育员资源等，观察并感知了三种不同种子的大小、颜色、触感等，从而对三种种子的外形特征、生长过程有了进一步的了解和认识。

实验中反思。实验不止，反思不停。每次实验后，我们都会进行反思。我们支持、鼓励幼儿进行实验与调查，从发芽绿豆的疏密到认识三种种子，再到观察三种种子的生长过程。实验结束后，我们与幼儿进行复盘，探讨豆芽细小的原因，并及时进行调整，不断优化。

大自然是最好的老师，也是最富有的老师。我们要经常带领小朋友们感受自然，拥抱自然，解读自然的秘密。

科学区：小小钓鱼场

太仓市城厢镇幼教中心弇山幼儿园

一、活动背景

大四班的孩子特别喜欢聚在一起讨论“怎么玩游戏”，选择相同游戏的孩子还会坐到一起进行游戏计划。在一次游戏计划中，天琪、成成几个小朋友的“游乐场”主题游戏计划吸引了其他小朋友，他们画起了摩天轮、海盗船、钓鱼场等大型游乐设施。

二、活动实施

（一）我的游戏计划

在游戏计划时间，宴宴说：“老师，快看天琪画的游乐场计划呀！”我们跟着宴宴来到天琪所在的小组，许多孩子也围了过来。宴宴：“我好想玩呀，好长时间都没有去游乐场玩了！”师：“那我们怎么玩呢？”琳琳：“我们只有滑滑梯呀。”小毅：“我知道了，在建构区我们也可以一起搭建游乐场呀。”涵涵：“我好想玩钓鱼场。”天琪：“我也想玩钓鱼场，我们可以做一个在幼儿园里玩吗？”师：“当然可以。”在捕捉到孩子的兴趣点之后，我们开展了关于“怎样制作钓鱼场”的谈话。

师：“好多小朋友都想玩钓鱼游戏，那么怎么把它做出来呢？”潇潇：“在沙坑里挖一个坑，把鱼放在里面。”欣妍：“这肯定不行呀，教室里又没有沙池。”子夏：“用大一点的纸箱。”成成：“我们可以制作鱼竿，在上面放上吸铁石，在鱼上放吸铁石可以吸住的东西，这样就可以钓鱼啦！”天骐赞同道：“我们可以用这种方法。”师：“你是怎么想到的呀？”成成：“我在万达玩过钓鱼游戏，他们的鱼竿上面也是吸铁石，我们也可以这样做呀。”师：“那你知道哪些物体可以被吸铁石吸起来吗？”成成：“我不知道。”师：“有人知道吗？”子琪：“老师，后边的黑板可以呀，它身上有好多吸铁石。”涵涵：“科探区有几个材料可以吸，但是我忘记是什么了，我们可以拿着吸铁石找一找。”

孩子共同制订计划

天骐设计的游戏计划

我们的思考：现实生活中的游乐场特别吸引孩子们，他们看到了天琪设计的游戏计划，产生了浓厚的兴趣。在讨论钓鱼场制作的过程中，成成利用自己的生活经验说出了可以用吸铁石和它可以吸住的物品来制作材料，但他们对吸铁石可以吸住的物品还缺乏了解。

《纲要》和《幼儿园工作规程》指出：幼儿园应以游戏为基本活动。教师的任务就是善于发现幼儿感兴趣的事物、游戏和偶发事件中所隐含的价值，把握时机，积极引导，寓教育于生活、游戏之中。在接下来的制作过程中我们将继续支持孩子们的探索。

（二）钓鱼准备中

1. 制作鱼竿

天琪和两个小伙伴一起制作鱼竿，他们先来到美工区寻找材料。子琪说：“这里有小树枝可以用来做鱼竿。”他们挑选好鱼竿和渔线开始忙活起来。孩子们刚开始制作就出现了小困难，他们只会扣简单的结，渔线一下就松开了，试了几次后子琪向我们求助。在固定时涵涵还想到用双面胶将渔线固定在鱼竿上。固定好渔线后，涵涵搬来小椅子开始测试长度。

2. 制作钓鱼场和小鱼

在老师的帮助下，成成带来的纸箱被做成了钓鱼场，孩子们用蓝色的海绵纸装饰钓鱼场。他们还在画纸上画上小鱼并涂上颜色。

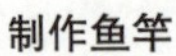
制作鱼竿

制作钓鱼场

3. 到底用什么铁制品做材料呢?

天琪：“老师，那我们的鱼竿到底用什么材料呀？”师：“你们找到了哪些呢？”小雨：“我们找到了好多，我去拿过来。”范范：“我找到了回形针。”雨墨：“我也是，而且我一下就吸到了好几个。”小雨：“我找到了弹簧钩，但是好像变成了弹簧钩吸吸铁石了。”涵涵：“老师您看，我找到了建筑工地的衣撑。”冉冉：“我发现螺丝可以被吸住，但是它好容易掉下来，我得用手在下面接着。”小雨：“掉下来不就钓不到鱼了吗？”师：“为什么会这样呢？”小雨：“可能是吸铁石太小了吧，而且螺丝好重，我刚才的弹簧也是很大，吸铁石应该钓不上来吧。”涵涵：“哎呀，我找的衣撑比你们的还大。”师：“那你们想用哪个呢？”雨墨：“就用回形针吧，它很小还很轻，我们把它插进小鱼卡片里就可以啦。”孩子们最后统一了意见，大家决定使用回形针，将小鱼塑封好了后，在鱼头上挂上回形针，小鱼就做好啦！

孩子找到的螺丝材料

孩子找到的回形针材料

我们的思考：《指南》在“具有初步的探究能力”的教育建议中提出，支持和鼓励幼儿在探究过程中积极动手动脑寻找答案或解决问题。在寻找物体的过程中孩子们不仅探索了解了有哪些物体可以与吸铁石反应，对材料的选择也能表达自己的想法，他们还发现了“轻重”“大小”与吸力的关系，激发了探究欲望，提升了观察能力、语言表达能力等。

整个制作过程我们始终作为观察者，放手让幼儿大胆探索，当幼儿固定鱼线遇到困难时我们给予适当的支持。符合了《指南》中科学领域“具有初步的探究能力”教育建议：在制作过程中大胆放手让孩子去做，不包办。

（三）钓鱼初尝试

孩子们开始玩游戏了。莱莱：“我们来比赛吧，看谁钓得最多，现在开始！”小雨：“澔澔，我这边的鱼你不要钓。”澔澔：“哎呀，怎么缠在一起了？”小雨：“是我们鱼竿上的吸铁石吸住了，渔线也绕到一起了。”果儿：“快点拆开吧，好麻烦呀！”

孩子们刚玩了一会就发现了问题，鱼竿上的吸铁石总是吸在一起，很难解开。那我们怎么解决呢？几个孩子围着钓鱼场开始商量起来。澔澔：“我觉得是我们离得太近了，我们分开一点就可以了吧？”莱莱：“我和你们离得很远，也会吸在一起呀。”子夏：“要是有大纸箱就好了。”澔澔问：“老师，我们该怎么办？”师：“我觉得你可以把你的问题分享给其他小朋友，让他们一起出出主意。”在游戏分享时，我们把时间留给了孩子们，澔澔把他在玩钓鱼场遇到的困难告诉了其他小朋友，孩子们开始动起了脑筋。然然：“我觉得可以把钓鱼场隔开，这样我们就不会撞在一起了。”欣妍：“不行，那样钓鱼场就太小啦，自己一个人玩也没有意思呀。”旻毅：“我知道了，只要不让渔线绕在一起就可以了，我们可以找东西把渔线套起来。”师：“那你们去找找看。”

旻毅：“就是这个，我们来试一试吧，但它太长了，我来剪一下。”只见他将剪好的吸管套在渔线上面，再选择胶带固定。果儿和宴宴拿起改进后的鱼竿试了一下，现在鱼竿吸铁石吸在一起，吸管的渔线也不会缠绕在一起了，很容易拉开。果儿激动地说：“旻毅，你好厉害呀！”旻毅：“我家里有两辆消防车，它们的救援绳也经常缠在一起，我在家和妈妈一起用橡皮泥捏在上面，然后再绕上一些胶带，这样橡皮泥就不黏了。”

试玩游戏现场：发现渔线问题

尝试用吸管解决问题

我们的思考： 孩子们发现问题后没有找到解决方法，于是向教师求助，教师引导他们将问题分享给小伙伴，一起讨论、解决问题。在讨论中，旻毅发现了主要问题是渔线的缠绕，解决了渔线自然就解决了问题。在这一步步解决问题的过程中，孩子的思维不断进行碰撞，为养成良好的探究习惯奠定了基础。改造成功后旻毅分享了自己的经验，他家里的玩具也有类似的情况，他的分享也成了有价值的经验共享给其他孩子。

（四）"真的"钓鱼

在今天区域游戏开始前，宴宴提出的一个问题引发了大家的讨论。宴宴："平时我爸爸都是在水里钓鱼的，我们的钓鱼游戏可以放水玩吗？"子琪："我也想放水玩，现在的钓鱼场我一钓就钓到了，没有难度。"师："那你们想把水放在现在的钓鱼场里吗？"小雨："当然不行，纸箱会湿掉的。"姗姗："那我们可以在箱子上套一个塑料袋吗？"子夏："不可以，塑料袋太容易破了。"潇潇："那我们要找一个防水的才行呀。"子夏："我们班级里有塑料的箱子，我觉得可以当钓鱼场。"师："那你把它拿过来，我们试一试。"孩子们都围在了一起，开心地说："现在我们可以在水里钓鱼咯！"他们把塑料箱抬到洗手池旁边，把塑料箱歪着放在水龙头下面。然然："你们装好没有啊？我这样好累的。"宴宴："我们拿下来看一下吧。"涵涵："这实在是太少啦。"芯芯："我们还需要更多的水。"冉冉："我们再来试一试吧。"小桑："我们不可以用桶吗？慢慢地装水就好啦。"

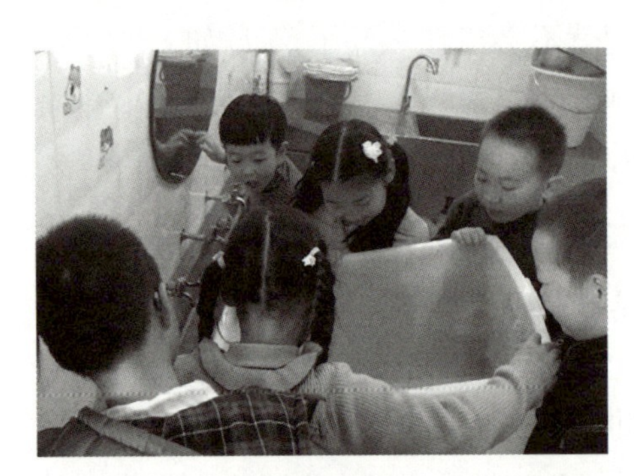

接水遇到困难

听了小桑的建议，几个孩子跑到娃娃家拿了杯子去装水。莱莱："小心一点，不要把水弄到身上。"天琪："水放得差不多了吧？我可以帮忙抬过去。"随后孩子们合作把钓鱼场搬到桌子旁，开始了钓鱼游戏。

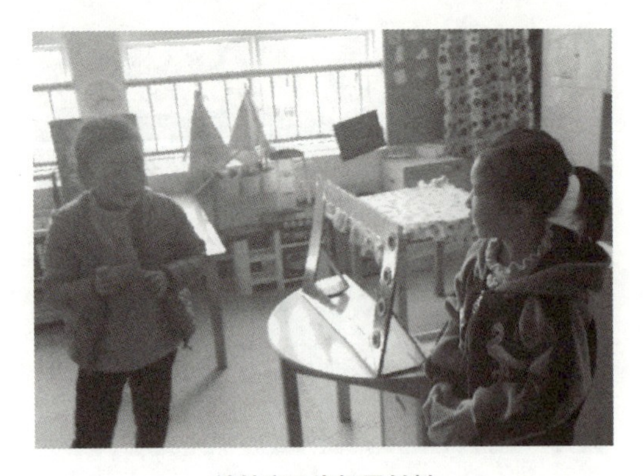

娃娃家寻找杯子材料

开始水上钓鱼游戏

三、活动反思

活动来源幼儿，捕捉兴趣积极引导。《纲要》和《幼儿园工作规程》提出，幼儿园应以游戏为基本活动。教师的任务就是善于发现幼儿感兴趣的事物、游戏和偶发事件中所隐含的价值，把握时机，积极引导，寓教育于生活、游戏之中。活动来源于孩子设计的游戏计划，在捕捉了孩子们的兴趣点后我们便展开了讨论，支持孩子们尝试实践自己的想法。

思维碰撞，提升语言表达与社会交往能力。整个活动中孩子们有许多的讨论：计划之初的讨论、选择材料的讨论、第一次试玩后的讨论、渔线发生问题的讨论等，孩子们能够积极地参与讨论并大胆表达自己的想法，达到了《指南》中语言领域中5～6岁“愿意与他人讨论问题，敢在众人面前说话”和社会领域中“能主动发起活动或在活动中出主意、想办法”的发展目标，孩子的社会性交往、语言表达能力都得到了发展。

积极协作，增加团队协作能力。在制作鱼竿、制作小鱼、布置钓鱼场、装水等过程中，孩子们都能合理分工、团结协作，达到了《指南》社会领域5～6岁发展目标：“活动时能与同伴分工合作，遇到困难能一起克服。”提高了团结合作与交往能力。

专注问题探究，形成良好的探究品质。孩子们的钓鱼场制作过程并不是一帆风顺的。在铁制品的选择中，孩子们能够主动寻找班级中的材料，并能发现“轻重”“大小”与吸力的关系；在鱼竿问题中孩子们发现了关键问题是渔线的缠绕，用生活中的经验解决，并将经验分享给同伴；在装水时孩子们用第一种方式装不了太多的水，围观的孩子也能根据生活经验出主意，使问题得到了解决，在探索问题的过程中孩子们的思维不断得到锻炼，养成了良好的探究习惯。

在游戏延伸中寻找课程生长的契机。在这场钓鱼场创造之旅中，教师倾听幼儿、观察幼儿、读懂幼儿、支持幼儿，展现了幼儿积极学习的精神与教师不断支持的智慧。此刻并不是课程的终点，教师将继续观察幼儿的游戏情况，支持幼儿更多的实践想法，也可以将目光聚焦到游戏计划中的其他玩具上，追随儿童的脚步不断前行。

科学区：菌菇奇遇记

吴江经济技术开发区天和幼儿园

一、活动背景

陈鹤琴先生说过：大自然是活教材。大自然是幼儿科学教育活动的重要资源和平台，教师要善于利用自然资源充实大班科学区的材料，为幼儿提供更多接触自然的机会，培养幼儿的科学素养，促进幼儿全面发展。而种植活动是自然教育资源的重要组成部分，在活动中幼儿可以与自然对话，在亲历种植的过程中提高观察、探索、表达、表现的能力，感悟自然与生命、体验惊喜与发现。

大班科学区活动“菌菇奇遇记”以幼儿日常生活中的一起小事件为探究契机，以菌菇的种植为主线，幼儿在亲历种植的过程中，不仅积累了有关菌菇生长变化的经验，更重要的是收获了劳动意识、合作意识、科学探究意识及亲近自然的品质。此次科学区探究活动成为幼儿主动探索的肥沃土壤，有力地促进了幼儿的全面发展。

二、活动实施

为了有效、系统地开展活动，我们从幼儿的兴趣点出发，根据植物生长的一般过程，将此次有关种植的科学区活动分为四个部分，分别是“准备篇”“种植篇”“生长篇”及“收获篇”。

（一）准备篇——从幼儿兴趣切入，营造科学探究氛围

1. 巧抓契机，激发幼儿探究兴趣

一次午餐时间，有幼儿看到汤碗中的食材发出疑问：“老师，这是什么？我不要吃，有点难闻的味道。”有的幼儿听见了，说道：“我喜欢吃，我觉得这个味道蛮香的。”“这是香菇，我在小区的花坛里见过，奶奶还带我去菜场买过呢。”……小朋友七嘴八舌地说了起来，一段关于香菇的讨论开始了。

针对这次午餐时的小事件，我们带着孩子们进行了一场谈话，孩子们说了自己知道的菌菇，关于可以在哪里找到菌菇，孩子们有的说树上，有的说在土里，想法各种各样。那我们可以自己种植菌菇吗？怎么种呢？一下子，一颗关于菌菇的好奇种子在孩子们心中发了芽。

我们的思考：兴趣是孩子学习的原动力。针对“菌菇是否可以自己种植”这个问题，我们刚开始也是疑惑的。但是由这次午餐时的小事件引发的关于菌菇的讨论极大地激起了孩子们的探索欲。

我们的指导：针对菌菇种植活动开展的适宜性进行了经验的梳理。

（1）链接《指南》。

《指南》中提到，我们应引导幼儿关注身边的事物，在探究中认识周围的事物和现象，提高幼儿对科学的热情。成人要善于发现和保护幼儿的好奇心，充分利用自然和实际生活机会，引导幼儿通过观察、比较、操作、实验等方法，发展发现问题、分析问题和解决问题的能力。

（2）链接幼儿已有经验。

幼儿种植过土豆、黄瓜等植物，对于种植是有一定经验的。

（3）链接课程。

借助我园的园本绘本特色，我们带领幼儿去绘本馆翻阅了相关的书籍，发现有关菌菇的绘本比较丰富，这可以为后续活动的开展提供大量的认知和经验支持。

综合以上的思考，我们认为可以陪着孩子们尝试种一种菌菇。不管成功与否，这个过程中孩子们的收获一定是很丰富的。

2. 预留思考空间，探讨梳理问题

以生活中午餐时发生的小事件为开展契机，幼儿对于菌菇产生了浓厚的兴趣，而我们在将“菌菇种植”作为活动开展主题的同时，也在进行思考：通过“菌菇种植”这个科学活动，幼儿可能从中获得哪些新的兴趣？通过几次谈话，我们发现幼儿对菌菇的兴趣不仅仅停留在它的果实上，他们还很好奇菌菇的种子是什么样的，又是怎么种植出来的，它有多少品种，是否都可以食用等。于是我们对于他们提出的问题进行了

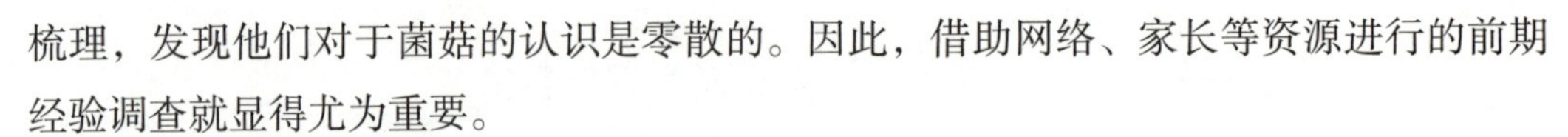

梳理，发现他们对于菌菇的认识是零散的。因此，借助网络、家长等资源进行的前期经验调查就显得尤为重要。

3. 展开前期经验调查，把握活动方向

在活动开始前，我们进行了前期课程经验的调查，以了解他们对于菌菇的前期经验。调查主要从三个方面入手："猜一猜""找一找""查一查"。

猜一猜：幼儿通过讨论，对菌菇的生长环境、种植方法等内容进行猜测。

找一找：幼儿在家长的带领下，去现实的生活场所中，如菜场、超市，或者公园里，去找一找我们的菌菇。

查一查：通过调查表的形式，请幼儿在家长的帮助下，记录自己对于菌菇的种类、种植等相关内容的想法。

菜场寻找菌菇

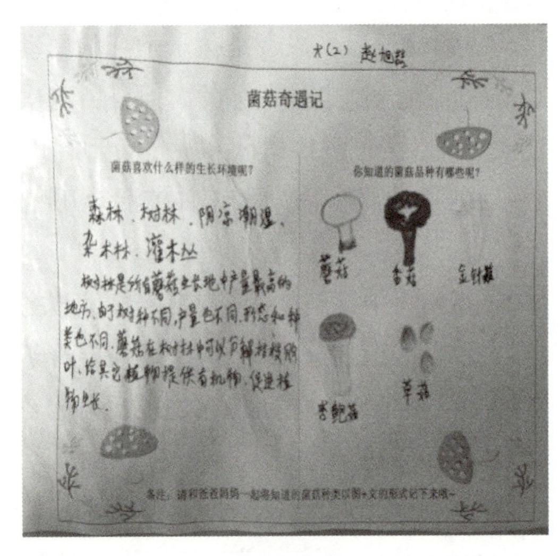

菌菇调查表

我们的思考：活动经验需要逐渐积累。开展前的调查、讨论，不仅有益于幼儿对于菌菇种植整体内容的经验的积累，更有利于幼儿沟通交往、比较推理等学习能力的发展，更重要的是幼儿完全成为活动的主人，从活动开始便投入了积极主动的情感。针对前期经验调查表中内容的反馈，我们发现幼儿与家长对于菌菇品种的认知主要集中在菜场常见的菌菇品种，如香菇、金针菇、鸡腿菇、杏鲍菇、平菇等。对于菌菇的生长条件也有涉及：菌菇喜欢阴暗、潮湿的环境，我们常用菌菇棒来进行菌菇的规模化种植；对于菌菇的食用方法也比较多样：菌菇可以做汤，可以做比萨，可以与肉类一起炒等。这些调查结果很好地为我们之后活动的开展提供了方向，同时也在更大程度上激发了幼儿乃至家长对于活动开展的期待。

（二）种植篇——从幼儿需要出发，创设支持性探究环境

为幼儿营造良好的种植环境是引导幼儿进行科学探究，培养幼儿科学探究能力的必要条件。基于活动开展时的天气、温度等因素，结合前期经验调查表中幼儿和家长对于菌菇品种的反馈及在查询各种类菌菇对于温度、湿度、生长周期等条件后，我们选取了9种菌菇品种，并购买了相应的菌菇棒，分别是猴头菇、秀珍菇、金针菇、灰平菇、红平菇、香菇、鸡腿菇、杏鲍菇、榆黄菇。随后，我们进行了有关菌菇种植环境的创设与探讨。

1. 创设开放式环境，保障幼儿探究的空间和时间

种植活动开始了，菌菇棒的种植地点成了热烈讨论的问题："可以种在幼儿园种植园吗？""种在哪里我们观察起来最方便呢？"孩子们热烈地讨论了起来。

我们的思考：种植环境创设的目的是引导幼儿通过照顾植物，了解植物不断变化的生长过程。在种植活动中，我们应为幼儿创设开放式的环境，支持幼儿可以持续不断地观察，支持幼儿有充足的自主探究空间和时间。

我们的指导：我们和幼儿一起商量，探讨了班级内种植的可能性，并结合前期调查中积累的有关菌菇种植环境的经验，在班级中利用橱柜开辟出一块用于菌菇种植和观察的场所，满足了幼儿随时观察的需求，保障探究的空间和时间。

开放式菌菇种植区

2. 以问题为导向，启发幼儿探索性思维

（1）菌菇种子大揭秘。

根据幼儿一般的种植经验，要想种植菌菇，那肯定需要菌菇的种子，只要把种子撒下去，浇水、施肥、除草，菌菇就会发芽长大了。可是菌菇的种子在哪里呢？它在菌菇棒中吗？于是我们拆开菌菇棒，进行了观察。

我们的思考：大班幼儿对自己感兴趣的问题总是刨根问底，能经常动手动脑寻找问题的答案。面对“菌菇的种子在哪里”这个问题，幼儿提出了自己的猜测和思考。虽然目前没有找到准确的答案，但是更加激发了他们对于这个问题的探究兴趣。

我们的指导：面对幼儿看似不能解决的问题，我们没有直接给予正确的答案，而是审视问题背后隐藏的原因，分辨幼儿问题的价值，鼓励幼儿自己去寻求问题的答案。结合本园的绘本特色，我们引导幼儿去绘本馆翻阅与菌菇有关的书籍，请幼儿回家与家长一起在网络上查找。最终，幼儿通过自己的方式找到了菌菇的种子。

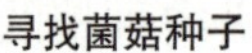

寻找菌菇种子

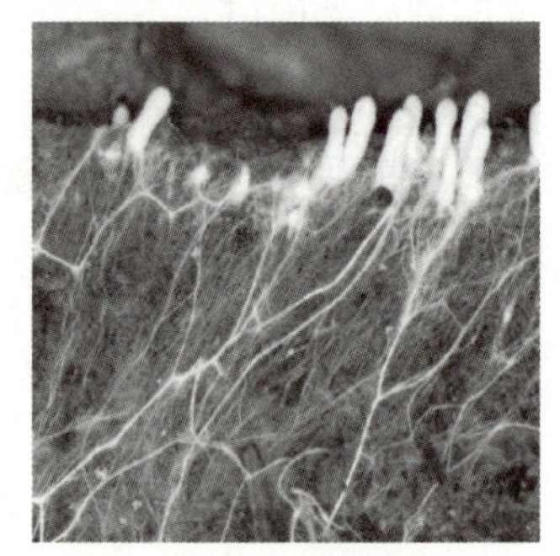

绘本中的菌菇种子

（2）种植方法大不同。

在开始菌菇种植的时候，有小朋友提出了疑问，买来的菌菇棒需要怎么放？为什么说明书上有些菌菇棒要放在泥土里，有些则不需要呢？

我们的思考：幼儿通过直接感知、实际操作和亲身体验来获取经验的需要。幼儿想要了解这两种种植方法的不同之处，亲自验证才是最适宜的解决方法。

我们的指导：我们选取其中一种灰平菇，分别采用了划口种植和覆土种植两种种植方法，通过对比种植了解不同种植方法对于菌菇的影响。

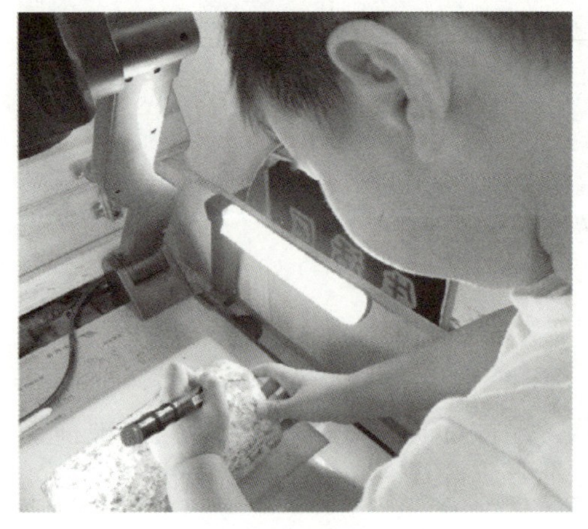

划口种植菌菇

覆土种植菌菇

（三）生长篇——从幼儿观察入手，掌握科学探究方法

植物的生长千变万化，幼儿可以从中获得很多植物生长的经验。而生长的过程同时也是幼儿自己观察、科学探究的过程，它是一个综合性的环节。

1. 观察记录，探究菌菇生长的秘密

经过长时间的等待，孩子们每天都会去浇水、照料，也会在记录表上画下每一种菌菇的变化。惊喜总会在不经意间到来。一天幼儿来园时，惊喜地发现猴头菇冒出了一个毛茸茸的小白球，采用两种不同种植方法的灰平菇上也出现了一粒粒小小的突起，孩子们兴奋极了。

我们的思考：《指南》中指出大班幼儿要能够“用数字、图画、图表或其他符号记录”，在种植活动中的记录有助于维持幼儿对于科学探究的兴趣，发展记录能力，同时也为教师分析幼儿发展的程度提供依据，促进教师对于科学区活动的反思。

我们的指导：根据大班幼儿年龄特点和个体差异选择合适的方式进行记录，如提供菌菇生长观察记录表，引导幼儿运用语言、绘画进行多形式表征。

照料菌菇

菌菇观察记录表

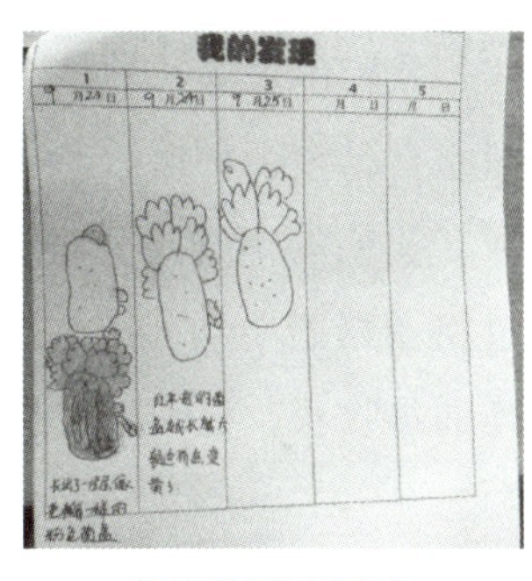
幼儿观察记录内容

2. 支持引导，破解“白色粉末”谜团

在一次晨间给菌菇浇水的时候，有孩子惊奇地发现菌菇种植区的地上有一大块白色的小粉末。这些白色粉末会和我们的菌菇有什么特别的关系吗？这一下子又引起了小朋友探究的兴趣。

我们的思考：幼儿在探索过程当中会遇到各种问题，我们激发幼儿的提问积极性，让幼儿在观察植物的同时能够发现问题并且自主探究问题。

我们的指导：对于“白色粉末”谜团，我们引导幼儿进行了集体讨论：“和菌菇没关系吧，可能是地上的脏东西。”“可能是菌菇的花粉吧，花上有花粉的。”……幼儿根据已有经验讲述了自己的猜测，并提出了解决的建议：如清除现有的白色粉末，观察后续地面的情况；查阅相关书籍，寻找“白粉末”的秘密。最终在幼儿确定白色粉末与菌菇有关后，有关菌菇的绘本破解了“白色粉末”的谜团：原来它们是菌菇在发育后期弹射出来的孢子，而这些孢子就相当于菌菇的种子。

白色粉末

菌菇绘本

阅读绘本寻找答案

（四）收获篇——从幼儿情感着手，体验科学探究乐趣

1. 充满纠结的收获

各种菌菇长了一茬又一茬，可是这些奇怪的菌菇可以吃吗？它是什么味道的呢？长出来的也不够大家一起吃，怎么办呢？可是不吃的话，菌菇马上就老了，这可怎么办？……收获本应该是一件快乐的事情，可是却因为这些问题的出现变得令人苦恼起来。

我们的思考：种植活动的收获环节不仅是幼儿对于种植成果的收获、品尝等，更是对于自己整个种植活动中的行为、品质的认可。

我们的指导：面对这个充满纠结的收获，我们引导幼儿展开了讨论。最后一致通过将菌菇赠予幼儿园的小动物们的想法。孩子们虽然没有尝到自己种出来的菌菇，但是通过收获，他们感受到了极大的成就感与满足感，原来分享可以使我们更快乐。

收获菌菇

采摘菌菇

给小羊吃菌菇

2. 家园共种植

在课程开始之初，有部分家长对于菌菇的种植就很感兴趣，他们在家也购买了菌菇棒，开始了种植和观察。每当有新的变化时，他们就会在班级群中分享交流，表现得和小朋友一样兴奋。在后期菌菇的收获时间，有些特别想尝尝这些奇怪菌菇味道的小朋友也开始了种植，家庭种植菌菇的队伍进一步壮大了。

我们的思考：家园配合也是活动开展中很重要的一个方面。如家庭的同步种植，家长对于开展中有关材料、种植经验的配合，都有助于活动的顺利开展，也让家长和幼儿共享种植的快乐。

我们的指导：开展“一孩一菇”家园同步种植，让家长根据孩子认知的需要，指导孩子进行家庭种植，体会科学探究的乐趣。

三、活动反思

幼儿的科学探究应从身边的事物开始，教师应引导他们关注周围生活和环境中常见的事物，发现其中的有趣和奇妙，有益于保持幼儿的好奇心，激发他们的探究热情，使他们从小就善于观察和发现。本次活动源于幼儿生活，以菌菇的种植为主线，幼儿不仅积累了有关菌菇生长变化的经验，更重要的是收获了思考问题的习惯、解决问题的方法等，而这些将继续伴随着他们到其他的各项活动之中。

美工区：探索纸世界

苏州市民治路幼儿园

一、活动背景

一张普通的纸，不仅承载着人类遥远的记忆和深厚的历史底蕴，也蕴含着有趣的探索和无限的想象。以美工区为主要场域的一段旅程——探索纸世界，帮助幼儿打开了视野，发现了惊奇，增加了交往，学会了合作，锻炼了能力。调查活动“世界是纸做的”，打破了幼儿原有纸的认知局限，看见了形形色色的纸。“巧用新材料”完全是幼儿自发的纸材料收集和探索运用的结果，新材料的加入带来了意想不到的惊喜和游戏效果。方向性探究活动“报纸游戏中的一次旅行”源于幼儿操作报纸时遇到的普遍困惑，是一次充满挑战与创造的游戏，也是一次促进交往与合作的活动。前期活动中产生的零散报纸，激发了幼儿再次利用的愿望，这种基于环保意识和创造激情的艺术创作，以“报纸撕贴画”活动形式呈现，继而还生成了平面锡纸人物造型创作等游戏，幼儿充满故事性、想象性的作品着实令人欣喜。一趟“探索纸世界”的旅行真正使幼儿乐在其中，收获丰硕。

二、活动实施

在主题活动“环保小卫士”的开展过程中，幼儿关注到了废旧纸类再利用的问题，了解到纸可以有很多再次使用的空间：打草稿、折成小纸盒用于收纳、回收后再制成各类纸制品等。大家还发现纸的用途范围很广：无论是家里，还是幼儿园，或是其他场所，都有各种各样的纸制品。宁宁说：“哎呀，这么多东西都可以用纸来做，那我们的世界不就是纸做的吗？”这句话引起了大家的共鸣，也启发了幼儿的思考和探究兴趣：我们身边究竟有多少纸制品？纸的用途和范围到底有多广？随后，大家共同决定做个题为“世界是纸做的”的调查活动，一起来发现身边有哪些自己感兴趣的纸制品，并用小海报或其他喜欢的方式来记录和展示。自此，一场关于“纸世界”的探索之旅开启了。

（一）遵从真实兴趣，引导幼儿发现“纸世界”

幼儿饶有兴致地在家里、幼儿园里和其他所到之处寻找一切纸制品，看到“疑似”纸类材料的物品都要去摸一摸、看一看，确定后就拍照或者记录下来。有的家长还把幼儿带去各类展馆找寻和感受多种多样的纸制品，使其视野更加开阔。

幼儿用心观察和发现，大胆想象和创作，用各种具有艺术性的方式呈现了精彩纷呈、引人深思的调查海报（作品），布置在教室里。借助这些海报，幼儿相互学习，进一步完善知识结构。他们总结：纸是我们日常生活所必需的，如作业纸、打印纸、报纸杂志等学习工作类用纸，又如餐巾纸、纸箱纸盒、纸袋等生活类用纸。纸也可以成为艺术创作的素材，如纸扇、纸伞、纸雕、剪纸等。有些地方还有专门的纸文化呢！以汉族传统工艺品油纸伞为例，它起源于中国，先后被传至日本、朝鲜、越南、泰国等地，并逐渐与当地文化融合，继而涌现了许多各具特色的油纸伞。油纸伞，因与风俗习惯、宗教庆典的关联而呈现出浓郁的文化气息。

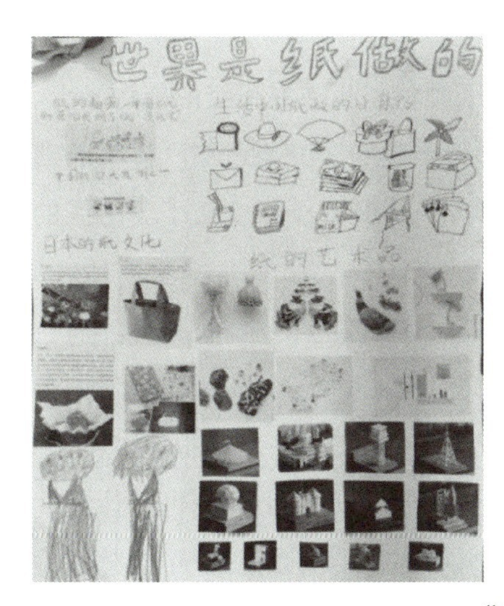

“世界是纸做的”调查海报

我们的思考：课程故事应从幼儿的兴趣而来，这是对幼儿起码的尊重。选择具有生长性的活动并提供平台，是教师的责任与智慧。本次调查活动的过程和成果展示，有助于幼儿在科学发现和审美创作上的提高。

“世界是纸做的”调查作品

我们的指导：教师抓住了幼儿在主题活动“环保小卫士”中的兴趣点，睿智地以宁宁一句总结性言语“我们的世界是纸做的”作为新活动的起点，并借助调查、海报布置等活动给予幼儿相互交流和彼此增长见识的机会。

（二）接受自然结果，鼓励幼儿巧用新材料

在调查活动之后，家长和幼儿自发地收集了各种纸类材料投放在班级的资源架上。大家也会在各个区域活动中按需取用。有些纸盒被运用于建构区充当房屋、桥梁的辅助材料；有些卷筒纸芯进行简单加工后被当作插花容器；有些硬纸板变成了美工区的展示支架；一次性纸杯摇身一变成了艺术小制作；等等。

一些报纸被昊昊、阳阳、婷婷等小朋友先后拿去美工区摆弄，他们一会儿翻转，一会儿团揉，一会儿折叠，一会儿敲打，嘻嘻哈哈，很开心的样子。一段时间后，阳阳拿着报纸找到老师：“我现在觉得报纸有点好玩，又有点不好玩。”老师很好奇：“你的好玩是什么意思？不好玩又是什么意思呢？”阳阳回答：“好玩是因为我可以让它变大变小，怎么捏怎么揉都行；不好玩就是我好像变不出什么特别的东西来。”老师通过观察发现，这几位幼儿都表现出对报纸的兴趣，喜欢摆弄报纸的过程，且持续了很长时间，但到区域活动结束时，仍然没有呈现出明确的造型或意图。对此，老师觉得幼儿可能需要了解一些报纸的特性，需要尝试一些用报纸进行造型和其他艺术创作的探究与体验。这就为之后的探究活动埋下了伏笔。

资源架一角

卷纸芯所做的插花器物

用彩纸和毛根等辅材制成的吊饰

废旧纸板和彩纸配合轻黏土制成的人物装饰

美工区幼儿摆弄报纸

我们的思考：调查活动的深入，推动了幼儿和家长对纸类材料的收集，使得资源架的物品有了新成员。这些新的资源材料，为幼儿在各个区域中的探索提供了新的素材，在一定程度上激发了新的游戏内容和新的创造思路。美工区幼儿持续性地对报纸的摆弄及具有代表性的困惑，引发报纸探究活动的可行性和必要性。教师考虑为幼儿提供适宜的支架，促进幼儿针对性探究活动的深入。

我们的指导：收集和使用资源架材料，是幼儿入园以来养成的良好习惯。所以，对于幼儿主动收集纸类材料并在各个区域中自发使用的行为，教师是极为肯定的，同时也时刻关注幼儿以便提供必要的支持。当教师发现美工区幼儿对于报纸材料的浓厚兴趣和使用困惑后，就决定筹备一个关于报纸的探索游戏。为此，教师再次收集了足够量的报纸，并引导幼儿观察报纸的特点，让幼儿在自由自主的操作摆弄中感受报纸的特性，大胆尝试用报纸设计造型等。

（三）解决集体困惑，跟随幼儿探索报纸游戏

随之生成的针对性探究活动，即是“报纸游戏中的一次旅行”。在这个探索活动

中，教师只做了一件事，就是和幼儿一起在摆弄报纸的过程中，总结提炼报纸纸张的一些特性：纸张偏大，质地轻松而有一定弹性，可搓可揉可再塑形，当然，还有新鲜的图文美集可供阅读。之后就是幼儿自由的探究和创作时间了。

幼儿的思维是蕴藏在动手操作之中的，所以在拿到报纸的那一刻起，他们就不断地尝试摆弄报纸，有的翻转报纸，有的折折卷卷，有的直接拿出小剪刀开始裁切和粘贴，有的抓起报纸又是搓又是捏，胆子大点的干脆用身体帮忙压。说是探索，我们感觉幼儿更多的是欢快地玩耍，看看他们的笑脸就知道 。

在操作中，幼儿的灵感愈发涌现。果然没多久，起先还只是卷着报纸的轩轩走过来说："老师，您看这是我制作的望远镜，我就是那海盗船上的船长。"一会儿小鑫过来说："老师，这是我送给您的一束鲜花！"随后还有更多的小鸟、风筝、电话出现了。

最让人印象深刻的是最爱美的小贾同学，她悄悄走到老师身边，露出了她用报纸缠绕后制作的头饰、项链和戒指。老师很惊喜，说："嘿！宝贝，要不你试试做一个服装设计，看看能不能行。"就这样一个简单提议，吸引了身后好几个机敏的小女孩，她们也主动加入服装制作中。看，合作的成果是不是很惊艳？

轩轩的望远镜

小鑫的花束

琳琳的风筝

小贾的头饰、项链和戒指

合作设计服装

我们的思考： 报纸的轻、具有一定弹性、纸张大、易收集等特点，使其具有幼儿探索和再创造的价值。然而，对于报纸特性的了解和使用需要一定时间的观察和尝试。特别是美工区幼儿表现出的"想造型而难造型"的情况，更需要教师及时提供帮助。此次报纸游戏正是教师思考之后提供的支持平台。

我们的指导： 手把手教不如让幼儿在自己的摆弄中、与同伴的相互学习中去发现。

这次报纸游戏，教师只做报纸特性的总结梳理，把大部分时间留给幼儿。幼儿在游戏中主动探究，大胆创作，相互借鉴，愉快合作。在对报纸的操作技巧方面，他们涉及广泛，包括团、揉、折、卷、撕、剪、贴、围合等；在利用造型方面，他们的思路也很开阔，如平面变立体的新闻呈现，富有情境性的海盗的望远镜，充满爱心的感恩花束，童趣浓郁的小鸟和飞机，还有具备更多开拓空间的服饰设计制作等。可见，这次探究活动是有益于解决幼儿利用报纸创作的困难的，同时，幼儿的创造能力、审美愉悦和游戏快感等，在活动中也得以发展和提升。

（四）推动纵向深入，支持幼儿创作撕贴画

在“报纸游戏中的一次旅行”探究活动之后，大家收拾整理了很多零散的报纸，有些小朋友觉得非常浪费、不够环保，在讨论之后，我们决定把这些“废纸”放在美工区。废报纸的加入，使得美工区的“报纸撕贴画”活动应运而生，幼儿充满故事性、想象性的作品令人欣喜。

创作过后，幼儿欣赏着自己和同伴的作品，大家发现有些立体感的作品明显更容易解读，也更受欢迎。于是产生了在撕贴基础上加些立体设计的愿望，为此，更利于简单的立体感塑型的锡纸就被自然而然引用了进来。有些幼儿还自发地利用彩纸加以点缀，以丰富画面的形象表现。

报纸撕贴画《草地上的兔子》

报纸撕贴画《太空》

报纸锡纸立体撕贴画集合

我们的思考：“报纸撕贴画”是对报纸广泛探究后，在撕贴造型方面的深入发展活动。在此次纵向探索活动中，幼儿的造型作品充满故事情节，也能从中看到幼儿努力使用材料表现形象、诉说故事，尝试新材料以拓展表现功能的痕迹。教师认为，这样的活动更能支持幼儿的深度学习。

我们的指导：对于幼儿的疑惑和想法，教师特意组织了“这些废纸有用吗”“我们可以怎么用”“还需要哪些辅助材料”等相关话题讨论，促进幼儿观点的碰撞和行动计

划的完善。在幼儿完成作品后，教师提供展示交流的机会，让大家看到彼此的作品，感受作品魅力的同时思考材料的使用方法与作品效果之间的关系。事实证明，针对性的讨论和作品欣赏可以促进幼儿的艺术思维与审美创作发展。

（五）挖掘点滴新意，支持幼儿持续新发展

“报纸撕贴画”活动中的锡纸因其亮丽的色泽和强可塑性，为幼儿的作品增添了更多创作空间。锡纸也因此引起了大家的关注，由此，锡纸系列的创作活动逐渐展开……

幼儿主动将锡纸变辅材为主材，创作了以平面造型为主的锡纸人物。他们将锡纸作为面部主体，巧用锡纸蛋挞托，配合彩纸、吸管等材料装饰，创作了表情丰富、形态多样的人物。

平面锡纸人物造型创作

平面锡纸人物造型作品合集

我们的思考：幼儿在欣赏报纸撕贴画的过程中，发现了亮丽的锡纸，并且很喜欢锡纸在作品中的效果。有个幼儿提出：“如果用锡纸来做小朋友的脸会不会很好看？”对于他们的讨论，教师也认真地思考着：或许我们可以试一试，看看锡纸作为脸部造型的主体材料，能够呈现怎样的效果；我们还可以通过其他脸部造型的作品欣赏，共同讨论一下进行锡纸脸部造型创作时需要关注的方法和其他辅助材料。

我们的指导：教师为幼儿收集了有关脸部造型的大师作品和优秀幼儿作品，幼儿通过赏析更加关注锡纸人物造型作品的设计、选材和制作，并在多次尝试中不断改进和完善，最终呈现了丰富灵动的作品。教师在这些作品中既感受到了强烈的视觉冲击，

也发现对锡纸可塑性的运用不足。这可能是教师下一步可以引导幼儿的创作方向，例如充分发挥锡纸塑形能力的“立体锡纸小人”。教师可以从人物运动姿态的观察入手，有效启发幼儿进行立体造型设计和制作。到这里，我们书写的课程故事暂时告一段落。然而，现实中的课程故事仍在继续……

三、活动反思

跟随幼儿脚步，发现“真”问题、促进“真”经验。身边随处可见的纸张，在幼儿眼中却是丰厚的宝藏。跟随幼儿的脚步，以他们的视角看待事物，和幼儿共同发现、疑惑、解惑与创作，不仅能够给予他们足够的支持，教师本身也将成长很多。课程故事的可贵之处，在于围绕幼儿的所思所想逐步展开，发现的是真问题，解决的是真困惑，获得的是真经验。课程故事的难度在于，教师应是具有儿童精神的活动支持者，也是能够跳出当局进行审慎思考的活动推动者。

借助课程故事，做好“真”研究、获得“真”发展。在这里，教师通过讲述和反思区域活动中的课程故事，对幼儿园实践经验进行重构或重组。在这个过程中，我们或发现问题，或寻找原因，或生成对策，或形成工作思路，或得出教育规律。课程故事将教师的工作、学习和研究有机融合为一体，使教师进一步关注幼儿园区域活动的开展，进一步关注幼儿在游戏中的自主成长。教师在真实必要的研究中获得真实持续的发展，实现了扎实而稳健的专业成长。

生活区：南瓜寻味记

苏州市相城区蠡口中心幼儿园

一、活动背景

秋天是美丽的季节，又是个成熟的季节，它像一把金贵的钥匙，打开了丰收的大门。孩子们在音乐活动“秋天多么美”中把丰收的喜悦都唱了出来：“棉桃姐姐咧呀咧开嘴，你看它露出小白牙……稻子姐姐把手挥，你看它梳着金头发……”甜宝好奇地问：“秋天除了棉桃和稻子，还有哪些东西也成熟了呢？”大家叽叽喳喳地讨论了起来：“嗯……玉米、南瓜，还有好多水果呢！”“我们一起做个调查，问问经验丰富的爷爷、奶奶！”于是，孩子们和爸爸、妈妈一起完成了《丰收的秋天》调查表。

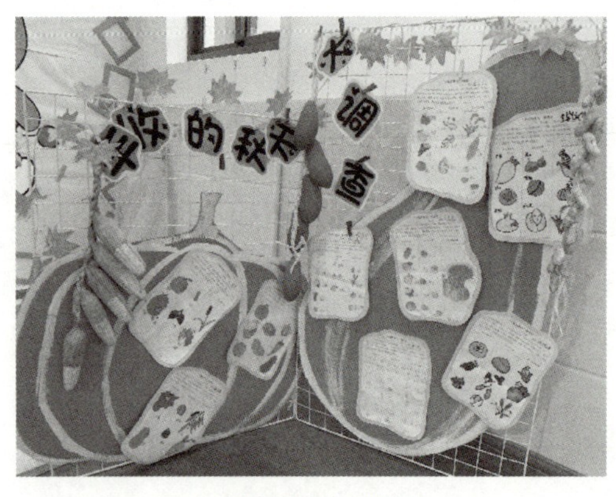

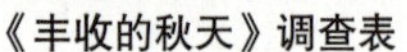
《丰收的秋天》调查表

调查结果

调查结果显示，许多孩子记录了南瓜是秋天成熟的农作物，看来孩子们对南瓜很感兴趣。顺应孩子们的想法，我们决定开展一场未知的南瓜之旅……

二、活动实施

蠡口中心幼儿园坐落于公园内，以“生态式”幼儿园享誉全区，有着得天独厚的环境资源，这些自然生态的园所环境是我园开展园本主题活动的重要课程资源。结合大班园本特色主题活动“百变南瓜”，我们围绕“南瓜寻味记”，从幼儿的生活出发，追随幼儿的兴趣，在对南瓜的观察与深入探索中获得经验，进一步了解南瓜的外形特征、营养价值、多种吃法；在制作南瓜饼的过程中理解数的概念，感知数量的相对性。

（一）开启寻味之旅

1. 你言我语——制订计划

孩子们纷纷从家里带来了大大小小的南瓜。南瓜放满了班级的资源架，放不下啦……这么多南瓜，资源架放不下了我们放哪里呢？一个孩子说：“可以放在特定区域玩游戏呀！”“放在什么区域？怎么玩？”“生活区，蒸南瓜吃！肯定很好吃……”孩子们你一言我一语地讨论起来。

南瓜放在生活区可以开展什么活动呢？小朋友们首先想到了“吃”：“我吃过奶奶做的南瓜饼，太好吃了！”“我也想吃……”大家都想试一试做南瓜饼，于是几个孩子围在一起做起了游戏计划。他们将做南瓜饼需要用到的工具和材料一一画下来：刀具、南瓜、面饼、电饭锅等。他们决定先试着做圆形南瓜饼，如果成功了再做其他不同形状的南瓜饼。

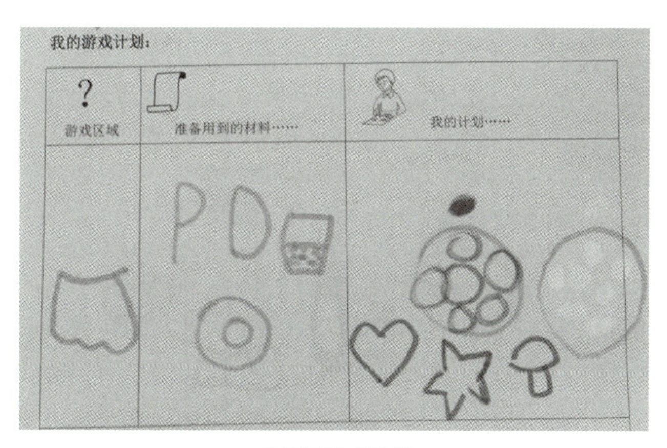

生活区游戏计划

2. 视图结合——学习制作

“可是，做南瓜饼好像有点复杂，我们一起找老师帮忙……”老师给予支持，组织孩子观看制作南瓜饼的视频。通过视频，孩子们直观地了解了制作南瓜饼的大致步骤：

南瓜刮皮—蒸熟—捣烂—放面粉、糖、水—和面—做饼。为了在制作南瓜饼过程中不疏漏每一步，孩子们用绘画的形式将步骤图记录下来。我们还将制作步骤图展示在生活区墙面上，隐性的环境支架指导孩子们按步骤操作。一切准备就绪，我们开始制作南瓜饼啦！

观看南瓜饼制作视频

绘制步骤图

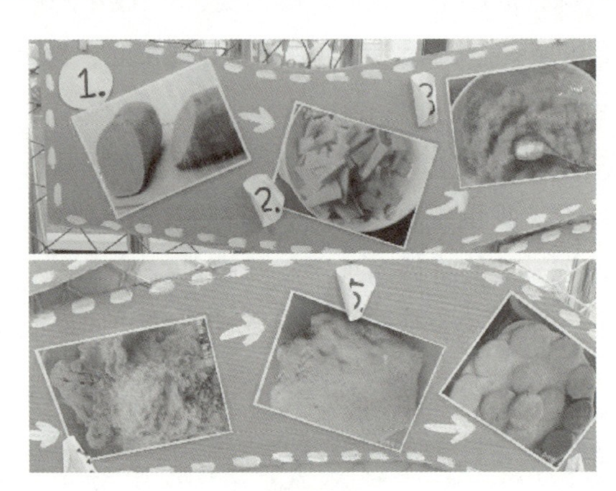

隐形环境支架

（二）探寻制作之路

1. 第一次制作——糖多了还是少了?

孩子们使用不同的刮皮工具，尝试给南瓜刮皮。他们还将南瓜煮熟，接着学习和粉、揉面，用团、捏、挖、压等方法制作有馅的南瓜饼。制作完南瓜饼我们都迫不及待地品尝。一个孩子尝了一口：“咦，我的南瓜饼好甜！”另一个孩子说：“没有啊，我的没有甜味！”那是“白糖放多了，还是放少了？”“我放白糖的时候用手抓的，不知道放了多少。可能面粉也放多了。”当幼儿遇到问题的时候，老师应该追随着幼儿的兴趣，在适宜的时机为儿童的发展提供“脚手架”，并伺机“拆除”。老师及时追问：“那怎么确定放多少白糖呢？”“妈妈给小妹妹泡奶时都是用奶粉勺舀的，我们试试用奶粉勺舀白糖……”一连串的问题出现，孩子们商量以后决定再试一次。

第一次制作：南瓜刮皮

第一次制作：如何放适量糖？

2. 第二次制作——南瓜饼烂了？

第二次制作南瓜饼时一个孩子带来了妈妈泡奶用的奶粉勺。“1，2，3，4，5，舀5勺白糖……”当我们再次品尝南瓜饼时，新的问题又出现了：这次的南瓜饼甜度合适，但是有点烂。有孩子认为可能是面粉放少了，水放多了。还有孩子说妈妈在家做点心都是用秤称面粉的。对，电子秤可以帮我们。

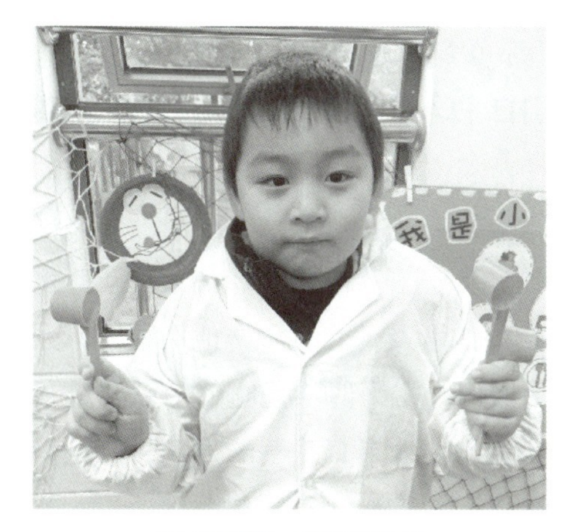

第二次制作：收集奶粉勺

第二次制作：品尝南瓜饼

3. 第三次制作——成功！

要放多少食材呢？找电子秤帮帮忙！孩子们纷纷从家里带来了妈妈做甜点用的电子秤。经过多次制作，我们终于做出了甜度、软度都合适的南瓜饼，自己做的南瓜饼太好吃了！

孩子们有关制作南瓜饼的核心经验是在一次次的生活区活动中逐步提升的。在第一次品尝南瓜饼时，孩子们发现有些南瓜饼比较甜，这是为什么呢？要放多少粉和糖？品尝结束后孩子们讨论，先想出了用奶粉勺计量数量，在后来的操作中又想出了用电子秤称重的方法，有的孩子带来了家里制作甜点的电子秤，活动时孩子们学习用奶粉勺正确取粉，学习看电子秤、给糖称重，并学习记录自己的操作过程和结果。孩子们在活动中还发现了很多秘密：如粉放多了，可以加点水；一样多的南瓜和粉，制作的南瓜饼越小，数量越多。我们利用生活和游戏的实际情境，引导孩子们理解数的概念，孩子们在游戏活动中感知了数量的相对性。

第三次制作：电子秤来帮忙

第三次制作：做好记录

（三）品尝舌尖美味

除了南瓜饼，还有哪些和南瓜有关的美食呢？那可多着呢！南瓜小圆子、南瓜粥、南瓜汁、南瓜子……在生成的生活活动中小朋友们自主选择了喜欢的南瓜制品，与同伴一起品尝，此外，他们还发现南瓜制品多种多样，知道南瓜有营养，经常吃对我们的身体有帮助，还能治病。

《指南》指出，幼儿应“不偏食、挑食，不暴饮暴食，喜欢吃瓜果、蔬菜等新鲜食品”。在园时，我们常常发现大部分幼儿都存在一定的挑食及偏食现象，他们往往不大愿意吃瓜果蔬菜。因此，我们让幼儿通过自己动手操作，将平时不爱吃的南瓜变成了香甜美味的南瓜饼、南瓜汁，在这个过程中，激发幼儿吃瓜果、蔬菜的兴趣，使他们养成不偏食、不挑食的好习惯。

品尝清甜南瓜粥

品尝软糯南瓜小圆子

品尝香脆南瓜子

品尝可口南瓜饼干

三、活动反思

悦童心——收获丰盈。南瓜之旅告一段落，在这场与自然的对话里，孩子们不断地发现问题，共同讨论，通过各种形式的实践活动解决问题，获得核心经验的提升。

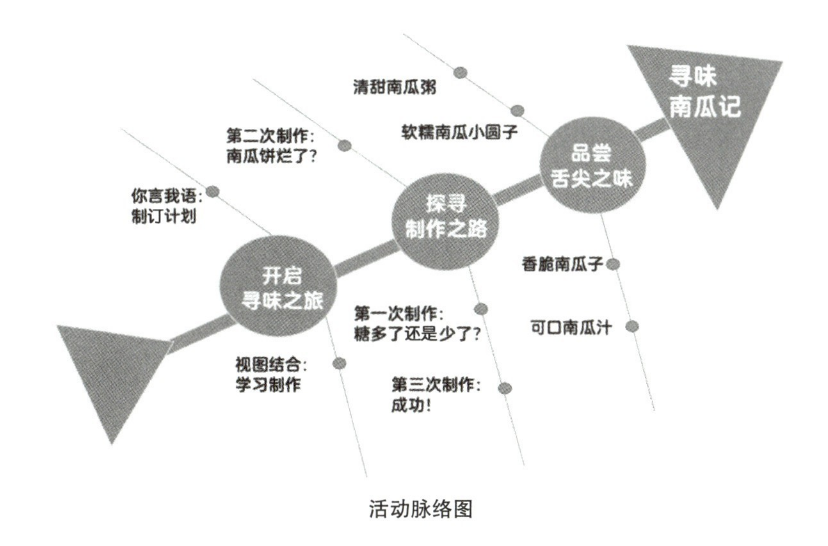

活动脉络图

“南瓜的品种真多，南瓜肚子里面的秘密都被我们发现了！”“南瓜子可以吃！”“哈哈！我会做南瓜饼了。”……整个活动孩子们从触觉、视觉、味觉等多角度探索感知了南瓜的特性，包括南瓜的外形特征、营养价值、多种吃法等。

孩子的童年，需要大自然的滋养和教育，孩子的能力，需要在自然环境中获得发展，孩子是这个金秋时节中最快乐的天使，金灿灿的秋季给他们带来了许多欢声笑语。《纲要》指出：幼儿园的教育内容要贴近幼儿的生活，选择幼儿感兴趣的事物。孩子的一切认知来源于生活，本次的“南瓜”系列活动正是起源于孩子的日常生活环节，孩子们在“南瓜”主题活动中真实体验、探索操作，通过自己的设想、观察、实践和商讨“感觉”自我、主动学习、丰富认知，成为主题活动的主动建构者，建构起了有关南瓜的丰富的经验链条，既积累了生活经验，也锻炼了动手能力。

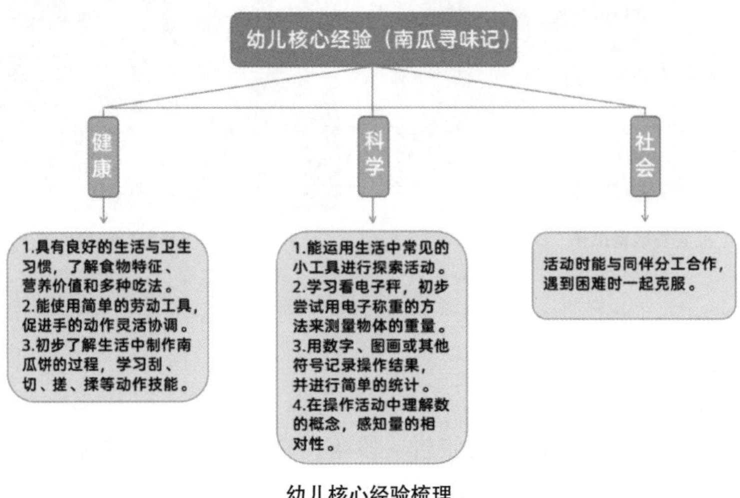

幼儿核心经验梳理

师道远——反思前行。在一日活动中，只有充分发挥幼儿的积极性、主动性、创造性，幼儿才能成为学习的主人，成为学习的主体。而老师只有成为幼儿真正的支持者、合作者和引导者，给予幼儿表达的机会，倾听幼儿的心声，并鼓励幼儿去尝试自己的想法，把真正的自由还给幼儿，才能促进幼儿像种子一样健康自由、自主地在阳光下成长！

我们的南瓜之旅不会止步，孩子们的探索不会停止，关于南瓜的故事我们还会继续……

益智区：多米诺骨牌的进化之旅

江苏省新苏师范学校附属小学附设幼儿园

一、活动背景

游戏是幼儿的天性，课程游戏化也是我们现在大力提倡的。孩子们对多米诺骨牌并不陌生，骨牌需要一张张摆下去，它不仅考验小朋友们的体力、耐力和意志力，而且还培养他们的智力、想象力和创造力。大班幼儿正处于好奇心重，探索欲强的阶段，而多米诺骨牌是一种集动脑、动手于一体的益智活动，是幼儿比较喜欢的游戏，也有助于幼儿去自主探索、主动学习。孩子们可以在操作中游戏，在游戏中探索。

二、活动实施

随着时间的推移，孩子们不知不觉步入了大班。我们在科学区投放了一筐多米诺骨牌，孩子们一直对它充满了兴趣，平面建构、直线拼摆、曲线拼摆、造型拼摆，孩子们自发对多米诺骨牌进行着各种探索，为了让幼儿加深对多米诺骨牌的探索，我们决定将多米诺骨牌作为此次项目课程。

（一）从幼儿经验出发

1. 主题内容奠基础

多米诺骨牌是非常适合大班幼儿的一种玩具，它很考验幼儿的专注力和手指小肌肉的控制力，因为往往一个没拿稳，就会全盘倒掉。孩子们在这个游戏中学习如何专注于每一个木片的放置，要努力控制好自己手上的木片，不能弄倒。在游戏中，孩子们会发现合作游戏可以大大增强游戏体验。

多米诺骨牌：跳跳乐

多米诺骨牌：平面建构

多米诺骨牌：搭高楼

2. 亲身尝试后的初体验

孩子们初玩多米诺骨牌后，表现积极，是什么在吸引他们？

孩子们升入大班后，思维及游戏能力越来越强，非常有自己的想法，总能玩出和老师教的不一样的方法。

刚接触多米诺骨牌的时候，小朋友们玩得比较单一，只会简单地排序，并且很享受把骨牌推倒的一瞬间。

我们的思考：我们可以开展哪些活动，让孩子们在玩的过程中进一步感受多米诺骨牌的神奇和乐趣？引导孩子们注意多米诺骨牌放置的间隙及不同的、有创意的作品，最终我们可以利用多米诺骨牌挖掘出哪些深度学习的机会和价值？

（二）从幼儿的兴趣出发——孩子们的自由探索多米诺骨牌之学习故事

1. 直线排列大比拼

小朋友们在活动中，有的用骨牌摆成了一条长长的小蛇，有的摆成了草莓，有的摆成了高楼，有的孩子能摆 3 块，有的能摆 5 块，有的能摆七八块，一不小心就会一连串倒下好多。于是在小朋友之间自发地展开了一系列的游戏环节。

“我最多摆了 45 块，看，比上次又多了好多呀！”

“我第一次的时候摆了 4 块骨牌。”

“我最多摆了 24 块，它们就倒了。”

“我这次摆了 100 块，好厉害呀！”

我摆了多少块

第1次	5
第2次	10
第3次	23
第4次	34
第5次	45
第6次	100

记录表

我们的思考：经过一段时间的游戏，孩子们单独摆直线，最多可以摆到上百块，我们还能摆什么？

我们的指导：一是引导幼儿要注意多米诺骨牌放置的间隙，太小容易蹭到，太远也够不到，达不到连续的效果。二是作品不小心被碰倒后，鼓励孩子们再次尝试，及时给予表扬与鼓励，使幼儿在活动中获得自信心。

2. 行走的迷宫

刚开始的时候孩子们只会单一地将骨牌在桌子上排序，但是后来随着游戏的发展，孩子们创新了玩法，利用弹珠、轨道、滑梯，搭出了一个游乐场。“老师，您看，我们的游乐场！”乐乐朝我喊道，乐乐是一个比较内向的小朋友，今天他主动和我分享他的成功，我感到很惊喜，我俯身问他：“好漂亮呀，你可以给我介绍一下吗？”一起合作的小朋友活跃起来：“我来，我来介绍！这里是一个迷宫，这边是一个公园，可以钓鱼的哦！这里还有一个游乐场，可以玩滑滑梯！”我跟着他手指的方向听他介绍，还真是有模有样的。

我们的思考：在不同的环境中孩子们会创造出不同的游戏方式，从一开始的简单排序到后面的搭出各种场景，孩子们给我带来了不一样的惊喜，期待他们今后有更多的创新。《指南》要求，孩子们在活动中能与同伴分工合作。虽然多米诺骨牌是个非常考验手部精细活动的游戏，但是孩子们在合作过程中还是处理得很好，可以有条不紊地进行合作游戏。

多米诺骨牌：迷宫

多米诺骨牌：小路

我们的指导：一是鼓励幼儿开动小脑筋，除了平面多米诺骨牌的玩法，还可以创新玩法，比如往高处搭建、有创意地搭建等 。二是遇到困难时多想办法，多观察模仿学习其他幼儿的游戏行为，鼓励幼儿相互合作，创造性地开展游戏。

（三）从幼儿的实际出发——益智区多米诺骨牌的探究摸索

孩子们经过探索，发现了一些有趣的玩法，但是玩多米诺骨牌游戏，最关键的就是找准间距，只有适宜的间距才能让多米诺骨牌从头到尾成功倒下，幼儿在不断失误中掌握了不同情形下骨牌的间距。针对这些情况，我们在区域中进行了适时的介入指导。

1. 多米诺“一键全倒”的秘密

围绕怎样才能“一键全倒”的问题，孩子们展开了各种猜想。

“要用力。”

“要排整齐。”

“不能离太远。”

根据这几种猜测，孩子们分组进行验证。

“大力组”：“我们分别尝试了大力推和小力推，有时能全部倒，但有时只能倒一部分。”

“整齐组”：“我们发现摆整齐可以倒，骨牌中间的间隔也要一样，两个骨牌中间的间隔小一点就能倒，间隔大就倒不了。”

“距离组”：“我们也发现骨牌挨得紧一点就能一键全倒，离得远这一块骨牌就碰不到下一块骨牌，就会停下来。”

那么问题又来了，究竟两块骨牌间隔多大才能倒呢？“最大距离之探索”：想一想，能够倒下的骨牌之间的最大距离是多少呢？

“是一块橡皮的长度吗？”

“是一根小手指的长度吗？”

“最大是一个手指的宽度吗？”

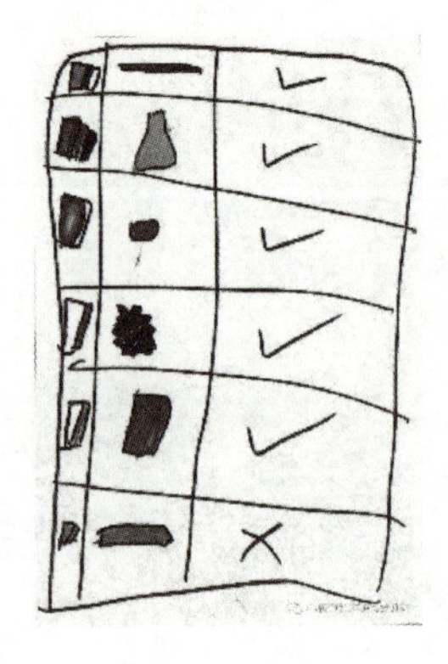

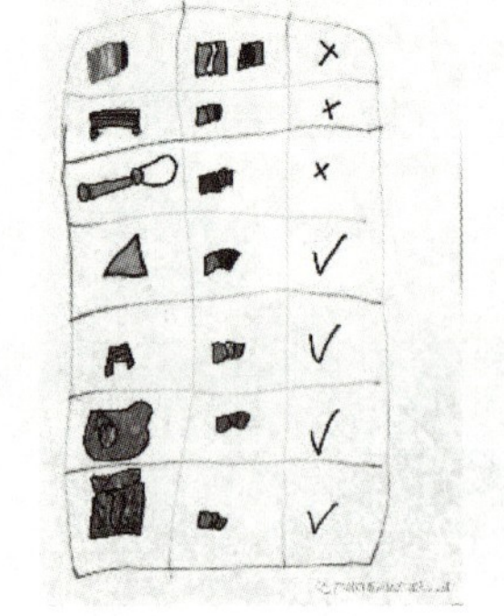

统计“一键全倒”的秘密

最后孩子们得出结论："一键全倒"的秘密在于骨牌要摆放整齐，而且骨牌之间的间隔要小于一块骨牌的长度。

我们的思考： 由于幼儿对材料的认知及经验不同，他们对材料理解和互动存在极大的差异。因此，教师通过自由探索多米诺玩法的方式，使幼儿对多米诺骨牌有了初步感知，随后，幼儿通过两次实验对"一键全倒"的秘密进行探究并得出结论，对多米诺骨牌的玩法与技巧有了基本的认知。

我们的指导： 发现问题后交给孩子们解决，利用记录表、实验数据来进行探索。孩子们通过自己的努力和观察进行经验积累。一开始老师并没有介入太多，采用的是平行介入策略，即在边上不着痕迹地与幼儿一起玩游戏。

2. 综合发展阶段——多米诺骨牌的造型秘籍

"一键全倒"的成就感增强了孩子们对多米诺骨牌的探究兴趣，尤其在视频和图片中看到多米诺骨牌摆出来的各种造型后，孩子们迫不及待地进行尝试，但在游戏时大家都遇到了不少挑战。

挑战 1：如何成功摆放拐角？

刚开始每到拐弯处，骨牌都因为距离太远而断开连接，每次小杰都会仔细地观察，不断地调整拐弯处骨牌的位置。每逢拐角处，小杰会把材料靠得更近，慢慢地就做到了一键全倒。

一旁的希希看了说："为什么我的骨牌到拐弯的时候倒不了？"

小杰指着希希的作品说："你拐弯的时候骨牌太远就靠不上了，这里要离近一点，而且拐弯的地方要是弧形才行！"希希调整后果然成功了！

原来拐弯的秘诀是——仔细观察、不断调整、拐角骨牌距离要小。

小杰："我要摆一个会拐弯的多米诺骨牌。"

希希："我们来比一比谁能一键全倒吧。"

挑战 2：如何做到"多线并进"？

继探究曲线的摆法后，孩子们朝着更复杂的造型迈进。设计了一棵有许多分叉树枝的树造型，但树干和树枝需要分几次推倒，怎么样才能一键多线一起倒下呢？

原来，通过一块骨牌同时触动两块骨牌，两块骨牌后面继续放置 4 块骨牌的方式可以触发多线并进的效果。此外，使用道具也能同时启动多线齐倒。

挑战 3：如何在多米诺骨牌里设置机关？

在掌握了线路变化后，孩子把目光转向了多米诺骨牌游戏区里的转向器、风车、铃铛等各类小物品。在第一轮尝试多米诺骨牌机关后，孩子们发现增加机关后游戏难度升级了，不能做到"一键全倒"。

乐乐叹了一口气说："风车前面的多米诺骨牌倒了，后面的没倒。"

多线并进图

希希：“后面的没倒，因为你放得太远了。”

乐乐：“那要放在哪里才能倒呢？”

希希：“放机关的时候要离多米诺骨牌近一点。”

小杰：“要看启动机关的时候能不能碰到多米诺骨牌，能碰到多米诺骨牌的机关就可以成功。”

原来，机关的摆放也有那么多“学问”呀。孩子们通过不断探究发现了机关位置与骨牌倒下之间的关系，解决了一个又一个问题。

挑战4：百变造型

（1）螺旋的搭建。别小看这只是简单的圆形。看这一圈一圈的拼摆，想让多米诺骨牌全部顺利倒下，那可不是一件容易的事。好在我们不断尝试，总结经验，勇于挑战，最终找到了合适的拼摆方法。

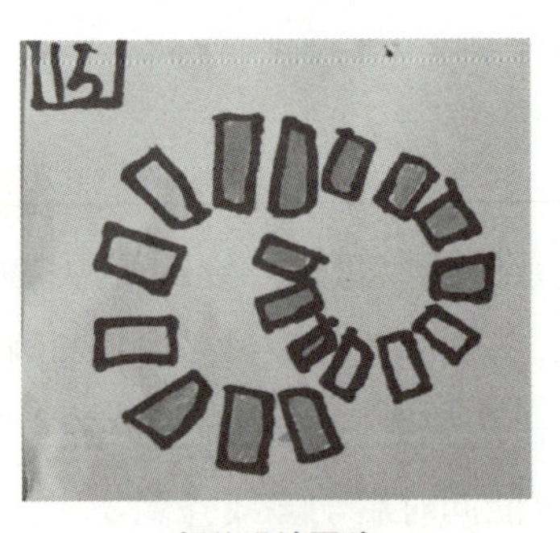

螺旋设计图稿

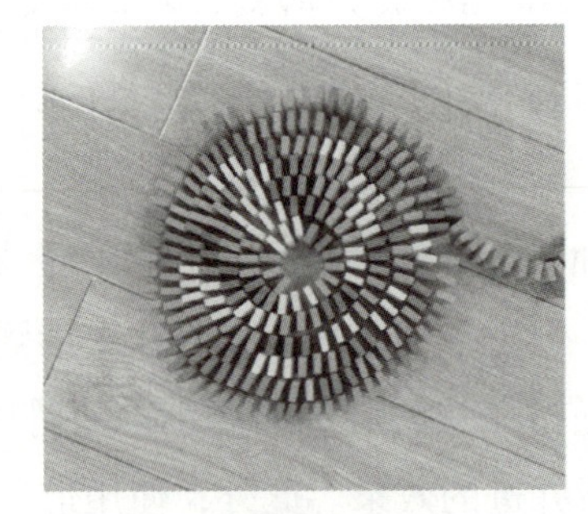

螺旋设计作品

（2）规律拼摆。孩子是天生的游戏玩家，他们会根据自己的需要来寻求自己想要的游戏。这不，他们不再满足简单地摆多米诺骨牌，开始挑战有规律的拼摆，如从按照AB、ABC的规律，到造型的拼摆，如从数字的拼摆，蝴蝶结的多米诺……到后来的创意拼摆，如桥形的多米诺……

拼摆名字

拼摆高铁

拼摆小人

（3）投入新材料。新型的材料会给孩子们带来新鲜的思考：什么东西还可以把多米诺骨牌推倒呢？什么材料还能与多米诺骨牌结合在一起呢？带着这样的问题，我们选择适宜的材料进行尝试，如扑克牌、轨道弹珠等，为孩子们做隐形支持。

设计稿

扑克牌多米诺作品

我们的思考：孩子们利用原有的经验进行了直线、曲线、弧度、分支与多分支的拼摆，不断进行新的尝试，经验不断提升。在探究过程中，教师始终保持和孩子们一样的好奇心，并及时顺势抛出一些开放性的问题如“那你想怎样来摆呢？”“你有什么好的想法呢？”等引导孩子们主动学习，进行深入思考。并且鼓励他们，万物皆可多米诺，引导孩子们发散思维。

我们的指导：教师的隐形支持非常重要，在整个指导过程中教师都能够适度地等待、循序渐进地追踪孩子们。这里我们采用了交叉介入的策略，一边推进孩子们的深度学习，一边提升他们的水平。

三、活动反思

闻其声，顺其需。多米诺骨牌需要一张张摆下去，它不仅考验着孩子们的体力、耐力和意志力，而且培养孩子们的智力、想象力和创造力。它是一项集动手动脑于一体的运动，能培养孩子们的创造能力，增强自信心，对孩子们的动手能力、思维能力都非常有好处，更重要的是，它能够锻炼孩子们的意志，最大限度地发扬团队精神。

解其惑，助其需。玩多米诺骨牌游戏，最关键的就是找准间距，只有适宜的间距才能让多米诺骨牌从头到尾成功倒下，幼儿在不断失误中掌握了不同情形下骨牌的间距。在一次次的尝试中，他们不断地肯定又否定，一次又一次地发现和表达，建构自己的经验——探索材料的轻重、材料的数量、材料之间的距离、摆放转角的弧度、连接处的摆放方式与“倒与不倒”的关系。孩子们总是会遇到各种各样的问题，然后一个又一个地解决，使得他们解决问题的能力逐渐提高。这也正是我们在幼小衔接中所需要培养的能力。

尊其需，拓其趣。多米诺骨牌很考验一个人的耐心和毅力，可以看到在游戏中孩子们不断地猜测、试错、调整，坚持不懈地探究新的未知，不断产生新的作品和创意，这样的探索加上成就感，更进一步培养了孩子们的创造能力和自信心。

追其行，延其趣。我们可以看到在游戏过程中，幼儿能够由简到繁自主地设计多米诺的造型，期望用多米诺骨牌效应的方式呈现自己的设计，通过“实践＋交流＋思考”，最终实现了从直线到曲线，从单线到多线并进的难度挑战，并发掘了各具特色的多米诺机关，实现了骨牌本身无法实现的有趣的视觉效果。这段不断变化又层层递进的探索之旅既有趣又具有挑战性。

希望多米诺骨牌的进化之旅会为孩子们的成长之路增添一抹亮丽的色彩，成为孩子们获益一生的宝藏！

益智区：一瓣橘子的儿童世界

苏州市相城区蠡口中心幼儿园

一、活动背景

又到初夏时，静待橘花开，又到秋收时，橘子收获满，又到寒冬时，橘子品尝乐。在一次“自然探索区”游戏中，孩子们发现了掉落在地的橘子，他们兴奋极了，围到橘子树旁边看着，说着，笑着，抚摸着。看着孩子们的表现，我们不禁想起了陈鹤琴先生说的“大自然、大社会都是活教材”。于是我们从孩子的兴趣和需要出发，开启了一场关于橘子的探索之旅。在“自由”“自主”“愉悦”“创造”的游戏精神引领下，我们的孩子在游戏中学习，在体验中成长，同时在游戏中发现生活、感受生活、热爱生活，并学会生活。

二、活动实施

陶行知认为，是生活决定了教育，教育不能脱离生活。因此，我们应以“兴趣是学习的源泉”为理论基础，寻求一个让儿童沉浸在探索中的环境，使儿童在自由、独立的自然环境中获得直接体验。幼儿园橘子树上的橘子丰收啦，孩子们决定去采摘橘子。在采摘橘子之前，老师和孩子们先做了计划：整理了幼儿园橘子树的分布、采摘橘子需要的工具、根据采摘的难易程度进行分工，最后还讨论了采摘需要注意的地方。就此，我们一起走进了一瓣橘子的儿童世界。

1. 重量大比拼

孩子们发现采下来的橘子有大有小，于是他们产生了新的问题：橘子有多重，怎么来比较橘子的重量呢？琪琪说：“有了！我们的科发区不是有天平吗？我们可以用天平来称一称。”居居说：“可是我们班级的天平太小了，称不了橘子怎么办？”他们想到了可以用称体重的秤，于是孩子们准备到保健室称橘子！可是怎么称呢？他们请教了保健老师。

就在这天中午散步的时候，我们经过大一班，孩子们发现大一班有大天平和电子秤。于是，就向大一班的老师借来了大天平和电子秤。有的孩子还提议可以用尺子量一量。

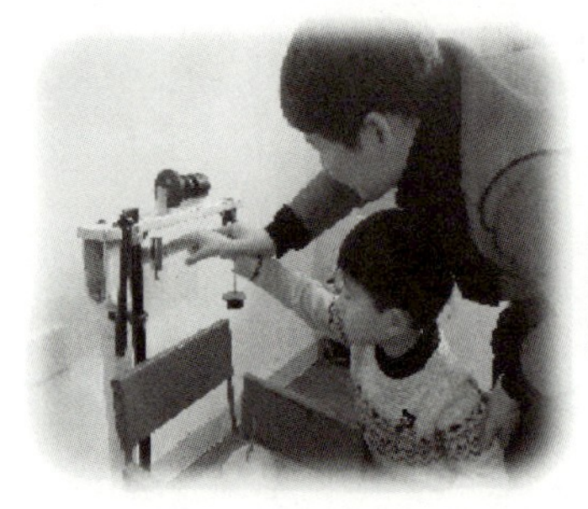

橘子称重

寻找工具

孩子们给每个橘子编好号，先进行猜想，然后用尺子量一量，进行记录。

测量橘子的准备

测量橘子

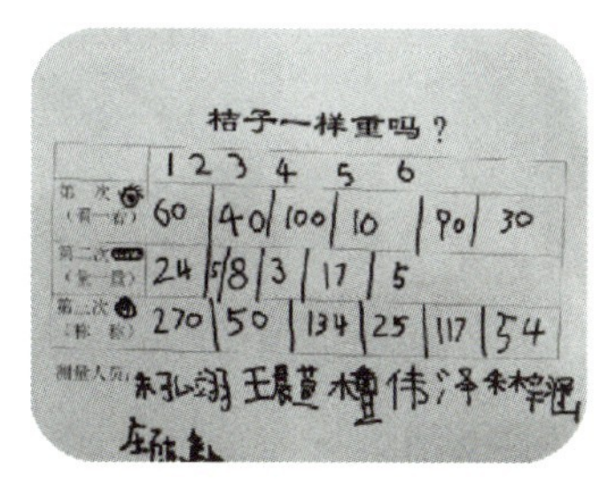

测量橘子的记录

我们的思考： 陶行知生活教育思想认为，幼儿科学教育无疑是充满艺术的，幼儿可以在亲近生活、联系实践的过程中，自主掌握数学知识，从而得到更好的自主学习发展。那么，对于孩子们的一系列问题和发现，教师的用心不可缺少。教师的用心体现在细心观察、了解幼儿的兴趣和需要。在分析幼儿的行为、语言、表情等基础上，了解他们的已有经验、兴趣需要和发展可能，努力做“有准备的教师”。

核心经验获得（表 1）：

表 1 “重量大比拼”核心经验

区域	益智区
活动名称	重量大比拼
难度挑战	★：用天平比较两个橘子谁重谁轻 ★★：用电子秤称一称，通过读数比较多个橘子的轻重 ★★★：用尺子量一量并称一称，记录并比较橘子的轻重
链接《指南》幼儿核心经验的获得	1. 测量的方法 2. 电子秤的使用方法 3. 记录与书写 4. 合作、探究能力

2. 沉浮大挑战

一天，在学习性游戏的时候，孩子们在科学区玩沉浮游戏，他们在探索如何让沉下去的东西浮起来。孩子们都觉得橘子很重，猜想橘子会沉下去。于是，大家进行了试验，发现有的橘子是会浮起来的。在游戏过程中，有个小朋友提出疑问：“怎么让浮起来的橘子沉下去呢？”孩子们根据之前玩沉浮游戏的经验，从我们班级资源库取来了自己需要的材料，进一步进行实验。

橘子沉浮实验与记录

我们的思考：布鲁纳说，良好的兴趣是学生活动的自觉动机。幼儿在与橘子的实践互动中对其产生了更加浓厚的兴趣。教师应追随幼儿的兴趣，在生活实践中帮助幼儿内化知识经验，更好地学以致用。

核心经验获得（表 2）：

表 2 “沉浮大挑战”核心经验

区域	益智区
活动名称	沉浮大挑战
难度挑战（许多层次）	★：探索橘子是沉下去还是浮起来 ★★：怎么样让浮起来的橘子沉下去
链接《指南》幼儿核心经验的获得	1. 探索并发现常见的物理现象，知道橘子放在水中会浮起来 2. 知道让浮起来的橘子沉下去的方法 3. 能用实验的方法验证自己的猜想 4. 用数字、图画或其他符号记录 5. 探究中能与他人合作与交流

3. 橘子分类

随着橘子探秘的深入推进，孩子们带来的大大小小的橘子也越来越多，对橘子的兴趣越来越浓。在一次户外活动中，孩子们发现幼儿园大门口的橘子跟他们带来的都不一样，问了老师才知道那是观赏橘，不能吃，那么橘子到底有哪些种类呢？我们利用家园合作进行了橘子种类的调查和分类。

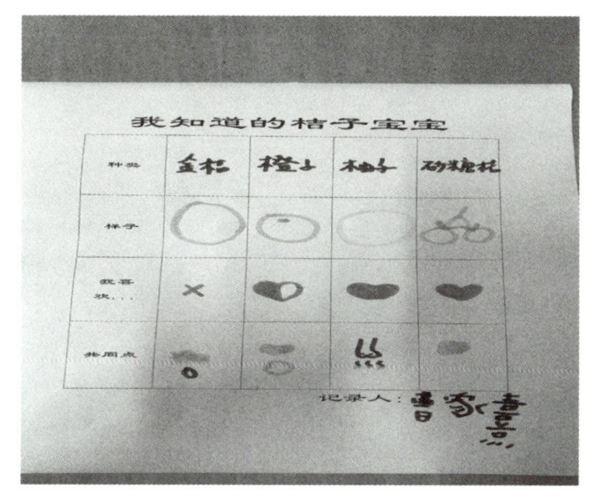

调查橘子的种类

观察橘子的种类

我们的思考：陶行知生命教育理论中最重要的一条是“教、学、行合一”。幼儿教育的过程应该以儿童为中心，给他们更多的尝试机会，让他们在生活中建构自己。当孩子们遇到问题时，我们应该充分尊重他们，创造一个自由的环境。此时，教师应退居儿童后面，相信幼儿是有能力的学习者。

核心经验获得（表 3）：

表 3 “橘子分类”核心经验

区域	益智区
活动名称	橘子分类
难度挑战（许多层次）	★：家园合作认识橘子的种类 ★★：通过看、摸、闻、尝等方式比较橘子和橙子
链接《指南》幼儿核心经验的获得	1. 知道橘子的种类 2. 认识橘子和橙子的区别

4. 一个橘子有多少囊

橘子到底有几个囊呢？是不是橘子大囊数就多，橘子小囊数就少？孩子们决定剥开来一探究竟。有的孩子想到了把橘子一瓣一瓣掰开来进行点数。但是这对于大班的孩子来说过于简单，达不到《指南》对 5～6 岁幼儿的要求。老师进行了思考，并引导孩子：

如果不把橘子掰开来有什么办法能数清楚呢？孩子们找来了记号笔、大小合适的贴纸和轻黏土来做标记，然后数一数，最后发现橘子囊数的多少和橘子大小没有必然的关系。

数一数橘子有多少囊

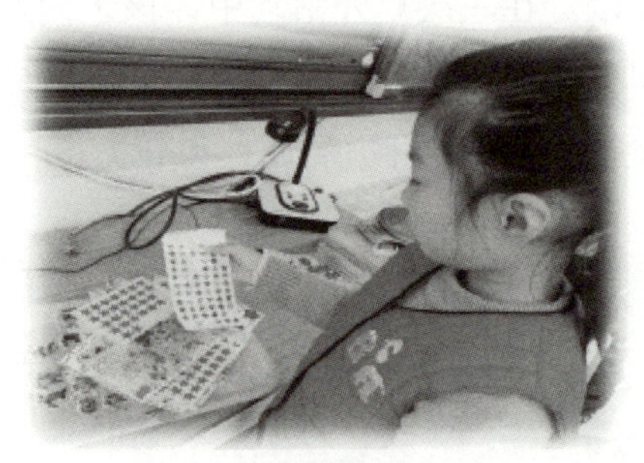

用贴纸做标记

用记号笔做标记

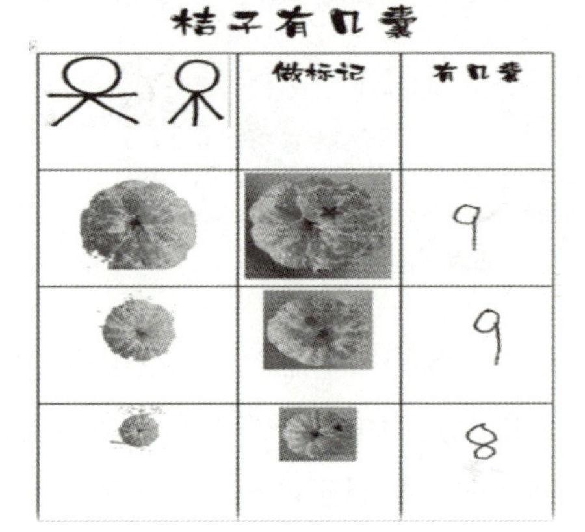

桔子有几囊

	做标记	有几囊
		9
		9
		8

我们的记录

我们的思考：陶行知认为，教的方法是以学的方法、做的方法为基础的。教是通过“做中学，让孩了能做”，“教与学的结合”的实质是根据生活的需要教与学，通过生活的实践来教，使儿童获得生活实践所需要的真正的生命力和创造力。

核心经验获得（表 4）：

表 4 “一个橘子有多少囊”核心经验

区域	益智区
活动名称	一个橘子有多少囊
难度挑战（许多层次）	★：把橘子掰开进行点数 ★★：通过做标记等方法点数（不掰开）
链接《指南》幼儿核心经验的获得	1. 学会做标记点数圆形的物体 2. 知道橘子囊数多少和橘子大小没有必然的关系 3. 初步理解量的相对性 4. 能用简单的记录表、统计图等表示简单的数量关系

三、活动反思

在橘子主题活动中孩子们不断地发现问题，共同讨论，通过各种形式的实践活动解决问题，获得核心经验的提升。在游戏活动中，孩子们通过观察、讨论、学习、动手操作、种子实验、绘画等形式提高了动手能力、解决问题的能力和合作能力等。正如陈鹤琴老先生说过的，“大自然、大社会都是活教材”，大自然、大社会就是孩子们的学习场，科学就在他们的身边，普普通通的橘子引起了孩子们的关注。

孩子们对橘子的味道恋恋不舍，因此，在活动的最后，我们又一次进行了舌尖上的橘子大调查，原来，橘子有这么多种吃法啊！我们的探索还将继续。